INVERSIÓN EN BIENES RAÍCES: PROPIEDADES DE ALQUILER

Descubre Cómo Generar Ingresos Pasivos Masivos Mediante El Alquiler De Sus Propiedades Actualizado

Tabla de Contenidos

Introducción 5

Capítulo 1 – Entendiendo Las Inversiones En Propiedades De Alquiler 10

¿Por qué Propiedades para Alquiler? 10

Dos Formas de Generar Ganancias con Propiedades de Alquiler 13

Desarrollar la Mentalidad Correcta para el Éxito en la Renta de Propiedades 17

Capítulo 2 – Excelente Ubicación, Excelente Inversión 22

Clases de Bienes Inmuebles, Dónde Debes Invertir. 22

Cuatro Factores Importantes para Evaluar un Vecindario 24

Cómo Identificar un Mercado Emergente de Bienes Inmuebles. 26

Capítulo 3 – Escoger la Mejor Propiedad 29

Bienes Inmuebles Residenciales para Invertir 29

Tipos de Bienes Inmuebles Comerciales 31

La Regla del 1% para Invertir en Bienes Inmuebles 34

Preguntas Esenciales que Tomar en Cuenta Cuando Evalúas una Propiedad 36

Capítulo 4 – Financiando tus Propiedades para Alquiler 40

Hackeo de Casas: Genera Dinero y Vive Gratis 40

Formas Creativas de Financiar tus Propiedades para la Renta 42

Comienza a Ahorrar Ahora Mismo para el Pago de una Inicial .. 45

Capítulo 5 – Herramientas de Bienes Inmuebles para el Éxito 50

Estrategias para Construir una Cartera de Bienes Inmuebles Exitosa. 50

Bienes Inmuebles Comerciales, Otro Medio para Construir tu Cartera 54

10 Personas que Necesitas en tu Equipo Soñado de Bienes Inmuebles 57

Capítulo 6 – La Propiedad en Renta para Opacar a Todas las Demás 59

10 Pasos para Rehabilitar Tu Propiedad de Renta 59

Las Rehabilitaciones Más Importantes para Todas las Propiedades de Alquiler 63

Mejoras para Aumentar Instantáneamente el Valor de tu Propiedad 65

Capítulo 7 – Administrando tu Propiedad de Alquiler 68

Encontrando Buenos Inquilinos para tu Alquiler 68

Estrategias para Administrar Propiedades de Renta 74

12 Consejos que Debes Saber de Expertos en Renta de Propiedades 79

Capítulo 8 – Precauciones 86

Buenas razones para dejar ir una propiedad de alquiler 92

Cinco Estrategias de Salida Cruciales para Tus Inversiones en Bienes Inmuebles 94

Conclusión 98

Introducción

¿Tu tío renta su segundo apartamento por $1500 al mes y tú quieres hacer lo mismo? Vivir la vida de un propietario es un sueño. Considera las posibilidades: Si pudieras rentar 10 apartamentos por $1500 al mes cada uno, fácilmente podrías añadir $15,000 en ingresos pasivos a tu billetera cada mes por el resto de tu vida. ¿Alguna vez le has rentado a un propietario que posee 5, 10 o quizás 50 apartamentos, y que hace su vida simplemente rentando propiedades? ¿Alguna vez te has preguntado cómo llegaron allí y cómo obtuvieron financiamiento? En la mayoría de los casos, los dueños no heredan las propiedades. Comienzan con unas pocas adquisiciones y se expanden a numerosas propiedades.

¿Quieres comenzar en bienes inmuebles pero no sabes dónde encontrar financiamiento? Hay formas de comprar propiedades para alquiler sin ser un millonario. Este libro te enseñará todos los secretos que necesitas saber acerca de propiedades para alquiler. Si tienes poco o nada de dinero y no sabes dónde comenzar, te enseñaremos cómo financiar tus propiedades para alquiler sin una inversión significativa. Sí, es posible – y sí, hay formas de conseguir miles de dólares sin utilizar la casa de tu mamá como un colateral. Te daremos entrada a la mente del propietario: Aprenderás cómo financiar propiedades con poca o ninguna inversión inicial y te diremos cómo encontrar inquilinos y disfrutar una vida libre de estrés por el resto de tu vida.

Revelación #1: Las Propiedades De Alquiler Son Un Ingreso Estable.

Rentar es la forma más sencilla de invertir en bienes raíces, mucho más fácil que restaurar propiedades a tiempo completo. Para convertirte en un arrendador, lo único que tienes que hacer es adquirir una propiedad y ponerla en el mercado. Serás capaz de encontrar inquilinos incluso para las propiedades peores y más desgastadas. Compara eso con restaurar, en donde el restaurador tiene que pagar una inicial por la propiedad, reparar daños estructurales, amueblar el interior, y esperar un promedio de seis meses mientras la casa, que podría no venderse, está en el mercado.

Un arrendador técnicamente podría adquirir una propiedad y rentarla al día siguiente. Entonces, dime cuál es más fácil, ¿rentar o restaurar? La parte difícil del ingreso por renta es generar una ganancia a largo plazo. Es tu trabajo aprender cómo financiar múltiples propiedades a la vez, ser capaz de cubrir los pagos de hipoteca con los inquilinos y aumentar tu cartera. Esto te permite crear un mini imperio de bienes inmuebles que puedes usar para llevar un estilo de vida sin preocupaciones. Sin embargo, llegar allí es la parte difícil. Este libro te enseñará cómo obtener tus primeras propiedades para la renta.

Revelación #2: Puedes Comenzar Con $0.

Es posible comenzar a adquirir propiedades con un pago inicial de $0 o de solo algunos pocos miles de dólares. ¿Piensas que necesitas ser millonario para ser un propietario? ¡Error! El ingreso por renta tiene un riesgo mucho menor que el ingreso por restauración, ya que puedes comprar la peor casa y rentarla inmediatamente – no hay necesidad de reparar la propiedad. No tienes que gastar dinero amueblando el interior y puedes obtener financiamiento de inversores privados para comprar tu propiedad para alquiler.

Hay maneras de convencer a financieras de financiar tus empresas de renta a cambio de un pago mensual. Por supuesto, mientras más dinero tengas inicialmente, más dinero podrás conservar en ganancia por renta al final de cada mes. Si tienes un millón de dólares para gastar, puedes comprar múltiples propiedades y comenzar a rentarlas para una ganancia seria. Si no tienes dinero, puedes contactar a inversores privados para financiamiento, o financiar tus propiedades a través de instituciones bancarias. Te mostraremos los métodos más viables para financiar tus propiedades para alquiler con cualquier presupuesto.

Revelación #3: Puedes Recibir Un Pago Cada Semana.

Los inquilinos depositarán pagos en tu cuenta bancaria cada semana o cada mes. Técnicamente, podrías comprar una propiedad y rentarla en el día a día a turistas en Airbnb, si estás dispuesto a lidiar con clientes todos los días. Las propiedades para renta no tienen restricciones en cuanto al tipo de inquilinos que puedes tener. El esquema de renta más seguro es proveer vivienda a la familia Americana promedio que tiene 2.5 niños y un perro. Sin embargo, eso no restringe tu ganancia.

Si tienes una propiedad en una ubicación central con muchas comodidades, podrías cobrar tres veces el promedio del mercado alquilando a turistas. Dependiendo de cuánto tiempo estás dispuesto a pasar lidiando con inquilinos, puedes ajustar tus términos de pago de forma acorde. Si estás dispuesto a lidiar con inquilinos todos los días, podrías cobrar por día. Si quieres un cheque estable depositado en tu cuenta al final de cada mes, puedes rentar a familias. La última opción es más segura pero menos rentable. El único trabajo que tendrías es hacer revisiones cada dos meses y el mantenimiento anual (impuestos de propiedad, pagos de seguro, etc.).

Revelación #4: Hay Trabajo Involucrado.

No te mentiremos – el ingreso por renta requiere cierta cantidad de trabajo. No tendrás que llamar a los contratistas generales ni estresarte todos los días por la propiedad como un restaurador, pero tendrás que hacer las reparaciones ocasionales. ¿Qué sucede si recibes una llamada a las 3 a.m. de un inquilino que tiene una gotera? No puedes decirle "arréglalo tú". Tienes que contratar a un contratista de techos que pueda hacer el trabajo y debes lidiar con el contratista posiblemente por semanas cada vez. Estás legalmente obligado a reparar la propiedad o podrías enfrentar un juicio legal con multas y posiblemente con tiempo de cárcel. Si un inquilino muere como resultado de falta de mantenimiento de la propiedad, la carga está sobre ti.

Cada vez que un problema llega a una de tus propiedades, recibirás una llamada de los inquilinos y esperarán que aparezcas y lo arregles. Es tu deber contratar a los contratistas y asegurarte que las condiciones de vida en tus propiedades están al nivel de los estándares impuestos por tu estado.

Como con cualquier otra proposición de negocios, es posible evitar el trabajo menor. Si deseas desaparecer del mapa, podrías contratar un "administrador" para que haga todo el trabajo de mantenimiento por ti, y puedas navegar hacia el atardecer. Sin embargo, la mayoría de los propietarios viven justo al lado de sus propiedades y asisten a los inquilinos cuando tienen problemas debido a falta de confianza. Los arrendadores más dedicados en ciudades como Nueva York, poseen miles de apartamentos y atienden personalmente las necesidades de los inquilinos.

Revelación #5: Las Cosas Pueden Volverse Personales.

¿Alguna vez rentaste un apartamento siendo joven y batallaste para hacer los pagos? Las personas caen en problemas financieros todo el tiempo, y tus inquilinos no serán la excepción. Ciertos propietarios se niegan a acercarse a sus inquilinos y solo mantienen una relación de negocios en caso de tener que desalojar. Las cosas pueden ponerse feas al lidiar con inquilinos. No olvides que estás lidiando con seres humanos con vidas reales. El padre que te alquila podría no poder pagar la renta luego de ser despedido de su trabajo y la decisión de desalojarlo a él y a su familia pesará en tu conciencia.

Tendrás que tomar decisiones difíciles. ¿Qué sucede si estás lidiando con una madre soltera que está criando a dos bebés y acaba de perder su trabajo por lo que no puede pagar la renta? Puede que ella no se dé cuenta de que tú aún tienes que pagar tu hipoteca. ¿Los sacarás o perdonarás su pago? Tendrás que decidir si los dejarás quedarse o si los desalojarás y harás espacio para nuevos inquilinos. La vida de un propietario no es gloriosa en muchas situaciones, a pesar de cómo es representada en programas de TV. Mientras de más bajo ingreso sean tus unidades de vivienda, más te encontrarás con personas con dificultades financieras.

Te daremos los secretos de un propietario directamente desde la fuente: Te enseñaremos cómo financiar propiedades, cómo encontrar inquilinos y cómo generar un ingreso pasivo con mínimo trabajo. ¡Comencemos!

Capítulo 1 – Entendiendo Las Inversiones En Propiedades De Alquiler

¿Por qué Propiedades para Alquiler?

Joe tiene $150,000 para invertir. ¿Por qué debería enfocarse en propiedades de alquiler en vez de restaurar propiedades? Rentar es un juego totalmente diferente. Las propiedades para renta son para largo plazo. Primero, Joe puede comprar una propiedad y rentarla sin modificar el interior de la casa. También puede comenzar a generar una ganancia garantizada, a diferencia de restaurar una casa que debe quedarse en el mercado por seis meses en promedio. Las propiedades de alquiler son para las personas que quieren dinero a largo plazo y que quieren cosechar grandes ganancias por la depreciación. ¿A cuántos ancianos conoces que compraron una casa por $100,000 en los 80's y que ahora vale más de $1,000,000? Si mantienes tu propiedad por una o dos décadas, está garantizado que el valor se va a duplicar. Mientras tanto, puedes recibir pagos mensuales seguros de parte de inquilinos. Te enseñaremos cómo comprar propiedades, atraer inquilinos, y hacer que paguen tus hipotecas. Por ahora, te mostraremos por qué necesitas invertir en propiedades para la renta.

1) **Apreciación de los Bienes Inmuebles.**

Los precios de las casas en América aumentan. Si compras en una ciudad mediana con crecimiento poblacional, como Austin, Texas, vas a ver retornos inmensos en tan poco como unos cuantos años. Apreciación significa que la propiedad aumentará en valor mientras más tiempo la mantengas. Algunas personas fueron capaces de comprar casas por mucho menos de lo que cuestan actualmente. El promedio de $250,000 de una casa suburbana cercada era de

$100,000 en los 90's. ¿Qué nos dice que la casa promedio de $250,000 de hoy no valdrá $500,000 en 15 años? El crecimiento está obligado a suceder – o compras ahora o pierdes la oportunidad a largo plazo.

Incluso si ignoras los pagos mensuales garantizados de cada propiedad, comprar una propiedad en una buena área, significa que tendrás cientos de miles (o incluso millones) a largo plazo. Recuerda, es tuya cuando la compras (no de los inquilinos). Puedes venderla y deshacerte de una propiedad en cualquier momento.

La ciudad y el mercado tienen un efecto en la apreciación. Históricamente, las ciudades más ricas en los Estados Unidos, como Nueva York y San Francisco, experimentan ciclos de apreciación y el apartamento promedio en esas ciudades puede costar más de $1 millón. Sin embargo, no necesitas comprar en el centro de Manhattan para aprovechar la apreciación. Podrías comprar en la parte suburbana de Portland, Oregon e igual verás retornos significativos en 15 años. Las mejores ciudades para invertir son ciudades medianas con un fuerte crecimiento poblacional. ¿Sabes qué ciudades tienen el crecimiento más alto per cápita? No son Nueva York o Los Angeles. Son ciudades medianas con economías florecientes como Seattle, Atlanta, Austin y Charlotte.

Para ser sincero, no harás una cantidad significativa de dinero en los primeros años. Podrías no generar nada de dinero en los primeros 5 años. Sin embargo, doblarás tu inversión en los primeros 10 años incluso si inviertes en el vecindario más promedio de los Estados Unidos. Cualquier área decente con buen acceso a colegios y tiendas sirve. No necesitas algo excepcional y la propiedad no tiene que resaltar. Ve a dar un paseo y notarás que casi todas las casas son casas promedio. Estas incrementan su valor mientras la economía produce más riquezas. Actúa ahora o pierde la oportunidad.

2) Pago por Parte de los Inquilinos.

El inquilino tiene que pagarte por el mes – tendrás garantizados $1000-2000 de ganancia mensual por la propiedad promedio. Si aún no lo sabes, la hipoteca promedio tiende a ser menor a $1000, mientras que las rentas por una casa son típicamente más altas. Así es como generas retornos a corto plazo. Si no tienes nada de dinero, puedes generar suficiente para cubrir el pago de una hipoteca y financiar una casa de $150,000. Una vez que seas el dueño, si tu pago de hipoteca es de $900 al mes, puedes rentar la propiedad por $1500 mensual. Esto significa que tu hipoteca estará cubierta y aún tendrás algunos cientos de sobra. El inquilino tiene que pagar todas las facturas y estarán esencialmente pagando tu hipoteca. ¿Qué es mejor que tener pagos garantizados sin hacer nada de trabajo? Solo tienes que pagar la inicial, que es típicamente 20%. Si eso no te convence de comenzar en las propiedades de renta, nada lo hará.

Si tienes dinero de sobra para invertir, te quedarás con todas las ganancias sin hacer pagos de hipoteca. La renta de $1500 al mes irá directo a tu bolsillo y no tendrás que pagarle a los bancos – tus únicos gastos serán el seguro de la casa y los impuestos anuales de propiedad, que raramente pasan del 2% del valor total de la propiedad. Además, tienes otras formas de renta disponibles para ti. Podrías rentar la propiedad por día y cobrar una tarifa más alta por las fiestas como navidad, año nuevo, etc. Esto te permite generar el doble o triple de las ganancias promedio por propiedades en alquiler en tu área. Todas las propiedades se alquilan de inmediato, sin necesidad de hacer ninguna reparación. Los restauradores de casas tienen que invertir decenas de miles de dólares para llevar la propiedad a unos estándares, mientras los arrendadores solo tienen que poner la propiedad en el mercado.

3) **Reembolsos de Impuestos.**

El servicio interno de ingresos (IRS) piensa que las propiedades en renta no son las más rentables y tienen amortización para todo tipo de propiedad. Los arrendadores pueden alegar "pérdidas" cada año y obtener deducciones en todos sus impuestos por ingresos, lo que les ayuda a conservar más de su ingreso por renta. Las inversiones por renta son seguras según este servicio (IRS) porque la propiedad se aprecia y se deprecia simultáneamente. El IRS cree que las propiedades se deprecian debido al desgaste y al uso, sin embargo, el mercado normalmente está creciendo y el valor de las propiedades tiende a incrementar.

El IRS le da a los arrendadores descuentos bajo un sistema específico de depreciación de propiedades llamado "Sistema General de Depreciación" o GDS. El GDS dice que una propiedad promedio tiene un período de recuperación de 27.5 años, lo que el IRS también considera como el tiempo de vida promedio de una propiedad. El IRS proporciona deducciones de exactamente 3.6% anual en cada edificio que posees. En efecto, los impuestos sobre la propiedad serán más bajos que los descuentos que te corresponden. Usando un simple descuento, puedes pagar los impuestos sobre la propiedad y conservar más de tus ganancias usando los descuentos del GDS.

4) La Inflación Trabaja A Tu Favor.

La inflación aumenta el valor de la propiedad, mientras los pagos de la hipoteca se mantienen igual. Si obtienes un préstamo con cuotas fijas, que es el préstamo más popular, no gastarás un solo centavo más de lo que acordaste inicialmente. Por ejemplo, si pagas $20 mil como inicial en una propiedad de $100 mil, y esa propiedad se aprecia a $200 mil en 10 años, aún deberás solamente $80 mil. En efecto, solo pagas $20 mil para adquirir una propiedad e $200 mil en diez años. La inflación es tu amiga a largo plazo, y la hipoteca con precio fijo te permite pagar solo lo que acoraste inicialmente, en vez del precio inflado de la propiedad luego de que la adquiriste.

Dos Formas de Generar Ganancias con Propiedades de Alquiler

1) **Rentas a Largo Plazo**

La forma más convencional y segura de rentar es a largo plazo:

Rentas a familias o a individuos profesionales que tienen un trabajo y la habilidad de hacer los pagos mensuales. Este es un método de renta a prueba de tontos que requiere compromiso mensual con el inquilino solo cuando estás recolectando la renta. No tienes que aparecer cada semana y revisar que estén bien y solo tienes que encontrarte con ellos cuando vayas a cobrar el alquiler. La renta a largo plazo es lo que debes hacer, porque las familias firman contratos de 6 o 12 meses que son extensibles.

Puedes aumentar progresivamente la renta a medida de que el valor de las propiedades en tu área aumenta, y de que tu vecindario se vuelva más demandado. Por ejemplo, una casa que es alquilada por $1000 este año podría aumentar a $1250 el próximo año. ¿A los inquilinos no les gusta el aumento de la renta? Conseguirás nuevos en una semana. La belleza de rentar propiedades es que múltiples personas están compitiendo por la propiedad y siempre tendrás una piscina de inquilinos viables de donde escoger, incluso en las áreas de más bajos ingresos. Así es como se calcula tus ganancias finales:

La Regla del 1% para Rentas a Largo Plazo

La regla del 1% es el cálculo más sencillo que utiliza la gente para estimar la rentabilidad de una propiedad en renta. Puedes estimar la rentabilidad de una propiedad de alquiler incluso antes de comprar la propiedad, lo que te dará un indicador de cuánta ganancia neta tendrás al final de cada mes. La regla del 1% dice lo siguientes: Si la renta bruta mensual es el 1% del precio original de compra, deberías comprar la propiedad. Si la renta mensual antes de los gastos es menos que el 1% del precio original de compra, debes buscar otras propiedades.

Digamos que encuentras una casa en condiciones decentes por $100,000. ¿Cómo sabes si tendrás ganancias al rentarla? Simple: Usa la regla del 1%. La regla del 1% dice que tu renta bruta debe exceder el 1% del precio original de compra. La propiedad tiene que rentarse por al menos $1000 mensual si quieres tener un retorno de inversión

(ROI). Bajo esta regla de dedo, una propiedad de $100,000 debe rentarse por $1000 mensual y generar el 12% del precio original de compra en retornos anuales. En este ejemplo en particular, la propiedad de $100,000 debe producir $12,000 en ganancias brutas anuales antes de gastos como seguro de vivienda, impuestos y facturas. Tu ganancia neta debe ser entre 6 y 8% del valor total de la propiedad por año. Esto significa que cuando rentas a largo plazo, debes generar retornos de $6000-8000 anual de ganancias puras en una propiedad de $100,000.

El retorno neto promedio de 6-8% al año es un muy buen trato, pero dependerá de la ciudad y del vecindario. Mientras mejor sea el vecindario, menores serán los retornos por renta. El lado bueno es que un retorno del 6% en una casa de $300,000 es más alto que un retorno de 15% en una casa de $100,000. Los retornos por renta más alto se encuentran normalmente en propiedades baratas y desgastadas, esto es debido a que las propiedades cuestan poco y el precio de renta aún es relativamente alto. En general, deberás obtener un 6% de retorno sólido en buenos vecindarios con muchos inquilinos y un 8-10% de retorno en vecindarios de bajos ingresos con propiedades más riesgosas y que están más propensas al crimen. Cualquiera que elijas, no debes conformarte con menos del 6% en retornos anuales.

La Tasa de Capitalización

Los propietarios calculan la tasa de capitalización de la inversión inicial. La fórmula de tasa de capitalización es la siguiente:

Ganancias Netas Anuales/Valor de la vivienda=Tasa de capitalización

Ejemplo:

$8000 / $100,000 = 0.08$

En este caso, 0.08 es el resultado que estamos obteniendo, o en términos simples, 8% de ROI. La tasa de capitalización en una propiedad de $100,000 que genera un retorno neto de $8000 al año, resulta en un total de 8%. Si un 8% es un retorno satisfactorio o no por la cantidad de esfuerzo que pones en mantener la propiedad, es tu decisión.

El mismo principio aplica a propiedades con un valor mucho más alto. Por ejemplo, si encuentras buenas propiedades que te den una tasa de capitalización de 8% en una inversión de $500,000, podrías generar un flujo de efectivo significativo que pagaría la propiedad y te daría una vida muy buena. Por otro lado, una tasa de capitalización de 8% podría no valer la pena en un área alta en crímenes que cuesta mucho mantener y tiene pagos de seguro extremadamente altos. En teoría, no necesitas ser rico para financiar una inicial en una casa de $500,000, pero tendrías que ahorrar por algunos años.

2) Alquileres a Corto Plazo

Los alquileres a corto plazo son lo contrario a los alquileres a largo plazo: Son inestables y requieren trabajo constante. Tendrás que lidiar mucho más con clientes de lo que harías con una renta a largo plazo, posiblemente a diario. Cuando lidias con inquilinos a largo plazo, solo tienes que firmar un contrato y revisarlo una o dos veces al mes cuando es momento de cobrar tu cheque o hacerte cargo de alguna reparación. Con inquilinos a corto plazo, tendrás que reunirte con los inquilinos diariamente, limpiar luego de que se vayan y preparar la propiedad para los próximos inquilinos. ¿Qué ganas tú? El precio es significativamente más alto. Si rentas una casa a una familia por $1000 al mes, no requeriría ningún trabajo de tu parte, pero solo tendrás $1000 al final de cada mes. Sin embargo, si rentas la misma casa por $100 al día a clientes en AirBnb, podrías hacer

$3000 cada mes, pero tendrías que trabajar y mantener la propiedad cada día.

Los alquileres a corto plazo son la mejor forma si tienes el tiempo y la paciencia para lidiar con clientes a diario. Es una excelente oportunidad para propietarios jóvenes o establecidos que disfruten conocer nuevas personas y socializar. ¿Qué es mejor que ofrecer valor a la sociedad y generar retornos inmensos en el proceso? No estás restringido a alquileres a corto plazo por sitios web como Craigslist y AirBnb. Una vez que posees la propiedad, puedes convertirla en un mini hotel o hostal. Es posible colocar cuatro literas en cada cuarto y convertir la propiedad en un hostal, luego cobrarle a cada inquilino $20 la noche para quedarse allí. Esto puede generar mucho más flujo de dinero que alquilar la propiedad a una familia de cuatro personas. Los alquileres a corto plazo requieren mucho más trabajo que los alquileres a largo plazo, pero los márgenes de ganancia son significativamente más altos.

Desarrollar la Mentalidad Correcta para el Éxito en la Renta de Propiedades

Lo único en lo que están de acuerdo todos los arrendadores es que están en eso por las ganancias. Sin embargo, los motivos individuales para obtener ganancias pueden ser distintos. Algunas personas se convierten en arrendadores para retirarse y vivir el resto de sus vidas en paz. Algunas personas se convierten en arrendadores para escapar de su trabajo de 9 a 5 y ser capaces de sobrevivir sin esclavizarse en un trabajo interminable. Los empresarios que están motivados a volverse ricos, normalmente compran múltiples propiedades y las rentan mientras esperan por un pago alto. Otros se vuelven propietarios por accidente, heredando algunas propiedades y convirtiéndolas en unidades de alquiler. Todos tenemos que lidiar con inquilinos, forzar los pagos y realizar trabajo de mantenimiento agendado. La propiedad no se va a mantener sola y alguien tiene que hacer los pagos de seguro y de impuestos.

La vida del propietario no es un camino recto, y llegamos a él por muchas razones. Si quieres retirarte, tendrás que invertir más en la propiedad porque esta tiene que ser rentable por un periodo extenso como múltiples décadas. Para este propósito, deberías comprar la propiedad más nueva y más costosa posible. Si quieres volverte rico y no planeas mantener las propiedades por mucho tiempo, puedes comprar propiedades medio desgastadas y tener un margen por renta más alto. Los siguientes trucos de mentalidad serán decisivos en tu éxito en el negocio de las propiedades para renta.

1) La Mentalidad del Flujo de Dinero

Lo más esencial de un propietario es desarrollar una mentalidad de flujo de dinero de emergencia. Mientras más rápido reúnas el dinero para comprar la propiedad o para depositar la inicial, más rápido serás capaz de salir de tu trabajo interminable de 9-5 y/o retirarte. Recuerda que nunca tienes que cubrir el precio total de la propiedad y que puedes salirte con la tuya solo pagando el 20%. Si la vivienda para renta cuesta $100,000, solo tendrás que financiar $20,000. ¿Qué tan difícil es ahorrar esta cantidad de dinero en la economía actual? Incluso si vives en el sótano de tu mamá y te pagan un sueldo mínimo, deberías ser capaz de ahorrar $20,000 y hacer un depósito en tu primera propiedad para rentar. No tengas miedo de ensuciarte y hacer los trabajos que pagan mal, porque solo tendrás que hacerlos hasta que puedas financiar tu primera propiedad. ¡Consigue dos trabajos! Mientras más rápido obtengas el dinero, más rápido serás capaz de financiar tus propiedades y crear una nueva vida.

Tu concentración debe estar puesta en adquirir tantas propiedades como sea posible e incrementar el flujo de dinero. Si eres joven y determinado, puedes permitirte hacer rentas a corto plazo y hacer énfasis en incrementar el flujo de dinero para exprimir las propiedades por el máximo monto posible de dólares. Si estás llegando a la edad de retiro, necesitas reunir los fondos de inversión que necesitas para hacer un depósito en propiedades estables que pagarán tu retiro. La mentalidad del arrendador no es solo escoger las propiedades y lidiar con inquilinos, también es tener un sentido de urgencia y reunir el dinero para nuevas propiedades. Mientras más rápido obtengas el capital, más retornos de dinero tendrás para ti.

2) La Mentalidad de Ejecutor

La fea verdad sobre propiedades para alquiler es que tendrás que lidiar con seres humanos reales que podrían no ser capaces de pagar la renta – por esta razón, tendrás que aplicar disciplina y límites para asegurarte de que paguen a tiempo. Esto es especialmente crítico durante los primeros meses cuando te estás estableciendo y cuando perder un solo pago podría significar que tu propiedad esté a una llamada de distancia de ser embargada. Tendrás que aprender cómo hacer que tus clientes paguen a tiempo. En efecto, te estás convirtiendo en un ejecutor que debe hacer cumplir el acuerdo de arriendo.

¿Qué haces cuando un inquilino incumple con un pago? Al inquilino no le importará que tú tengas que hacer pagos de la hipoteca sobre la casa; solo se preocuparán por sus situaciones individuales. Esto es por lo que en el momento en el que incumplan un pago, debes presentar un recordatorio de pago tardío. Este recordatorio debe salir el primer día que no hagan un pago a tiempo. El recordatorio tiene que tener un "período de gracia", que es el tiempo que tienen para pagar antes de recibir una advertencia de desalojo.

Si el inquilino tampoco paga en el período de gracia, debes presentar un aviso de desalojo. El aviso de desalojo notifica al inquilino que la corte civil tomará acciones de desalojo en su contra. Los inquilinos llegarán a ti con historias personales, pero no debes ceder y darles flexibilidad porque continuarán pidiendo más tiempo. Si permites la flexibilidad una vez, sabrán que tu tiempo no es importante. Si al propietario no le importa, ¿por qué los inquilinos deberían pagar a tiempo? Solo acepta la flexibilidad cuando no tengas que hacer pagos de hipoteca o cuando perjudicará tu relación personal con un miembro de tu familia.

3)   La Mentalidad de Disciplina

Como arrendador no solo debes hacer tareas de mantenimiento mensual en donde saludas a tus inquilinos, revisas la propiedad y cobras la renta. También debes llevar a cabo tareas administrativas anuales y semi anuales que requieren disciplina y planear con anticipación. ¿Qué sucede si te llega una factura de $4000 por una gotera? Necesitas prepararte de antemano. Esto toma disciplina. En vez de gastar tus ganancias netas en cruceros por el Caribe, guárdalos para facturas inesperadas.

Los términos del arriendo deben ser estipulados por un abogado y tener un párrafo mencionando una cláusula para inspecciones semi anuales que te den el derecho a acceder a la propiedad. La propiedad no necesita tener daño estructural para permitir una inspección. El arrendador no debería esperar a que las cosas salgan mal antes de inspeccionar una propiedad. Identificar problemas a tiempo y arreglarlos. Asegúrate de que tus valores son comunicados claramente. Si no toleras que fumen dentro de la propiedad, debes estar preparado para desalojar a un inquilino si detectas humo. Aún mejor, busca un inquilino que no fume mientras firmas el acuerdo.

El mantenimiento regular asegura que la propiedad está bien preservada y que los inquilinos no presenten problemas cuando habiten en ella. La inspección no es solamente para detector daños a la propiedad, sino también mascotas y personas viviendo en la propiedad sin autorización. Mientras haces la inspección, construye una relación personal con tus inquilinos. Siéntete libre de preguntarles sobre sus hijos, trabajos, vidas, etc.

No olvides aumentar la renta cada año cuando expiren los términos del arriendo. Muchos arrendadores se preocupan por aumentar la renta. Si te niegas a aumentarla, tu ingreso quedará detrás del valor del mercado y no le llevará el ritmo a la inflación. Aumenta la renta cuando expire el acuerdo en vez de aumentarlo sorpresivamente en momentos al azar durante al año, lo que asusta a los inquilinos. De esta forma les das la oportunidad de pagar precios de renta más altos o de encontrar una nueva propiedad.

Capítulo 2 – Excelente Ubicación, Excelente Inversión

Ahora que te dimos un breve entendimiento de las inversiones en propiedades para alquiler, es momento de contarte sobre las diferentes clases de bienes inmuebles, cómo puedes evaluar los vecindarios objetivo y cómo puedes identificar los mercados emergentes de bienes inmuebles que pueden generar grandes ganancias.

Clases de Bienes Inmuebles, Dónde Debes Invertir.

Si vas a involucrarte en el mercado de bienes inmuebles, necesitarás familiarizarte con la forma en que las diferentes propiedades son clasificadas o agrupadas. Aunque estas clasificaciones son algo subjetivas y no hay clasificaciones o guías generales para identificar propiedades, podemos ofrecerte algunos lineamientos que deberían ser de ayuda para calificar ubicaciones o edificios específicos. Los bienes raíces son normalmente clasificados o calificados de la misma manera en la que muchos de nosotros éramos calificados en secundaria o en la Universidad, un sistema de calificación con letras. Este sistema de calificación puede ir de A a C, de A a D, o de A a F. Obviamente A es la nota más alta; F es la más baja.

Con bienes inmuebles, la ubicación a menudo recibe una calificación y el edificio recibe otra. Por ejemplo, si tienes un buen edificio en un área mediocre, tendrías un edificio A en un área C. Si tienes un edificio inhabitable en un área cuestionable, tendrías un edificio F en un área D. A continuación, hay descripciones de cómo la mayoría de las personas categorizan las ubicaciones con este sistema de calificación.

Una ubicación A es un área con los edificios más nuevos, los restaurantes más conocidos y las mejores escuelas. Ya puedes imaginar que es el área que tendrá las rentas más altas.

Un edificio A es uno que tiene muy probablemente menos de 10 años de antigüedad. Es posible que estos edificios tengan lo último en encimeras de granito, suelos de madera, etc.

Las propiedades en alquiler en estas áreas A, suelen tener rentas altas, y poca necesidad de mantenimiento. Son inversiones fáciles, sin embargo, también debe aclararse que pueden traer un retorno de inversión menor por la alta demanda y el precio de compra más alto.

La ubicación B es normalmente un área que tiene restaurantes decentes, si bien no los más conocidos o los más costosos. Las escuelas son buenas, pero no son las nuevas escuelas que algunas de las áreas lujosas tienen. El área es hogar mayormente de clase media, con certeza más cuellos azules que las áreas A. Las personas viviendo en las áreas B tienen mucha más posibilidad de estar viviendo un cheque a la vez.

Los edificios en la ubicación B son más viejos, usualmente entre 15 y 30 años de antigüedad. La mayoría de estos edificios han sido actualizados, sin embargo, no con las comodidades de los edificios A.

Como un inversor en propiedades B, encontrarás que tienden a requerir más mantenimiento y atención que una propiedad A. Estas propiedades se rentarán por menos que las propiedades A, pero también son capaces de generarte ganancias más grandes debido al precio moderado de compra.

Las ubicaciones C son ubicaciones marginales, normalmente con 30 años o más de antigüedad. Los edificios C usualmente están desactualizados y anticuados, con necesidad de muchas reparaciones frecuentes. Los edificios C normalmente requieren actualizaciones de plomería y electricidad; estos edificios requieren mucha atención y cuidado. El lado bueno de los edificios C es que a menudo pueden ser adquiridos a un precio muy moderado; el lado malo es la cantidad de dinero que probablemente tendrás que gastar para mantenerlos o actualizarlos.

Las ubicaciones D son áreas dilapidadas, normalmente infestadas de crimen y posiblemente peligrosas. Estas son áreas con muchos edificios vacantes o invadidos. Los edificios son descuidados o inhabitables. A menos que seas un inversor en bienes inmuebles experimentado, probablemente quieras quedarte lejos de invertir en estas áreas. Realmente tienes que saber lo que estás haciendo para ganar dinero de un edificio D en un área D.

Un edificio o ubicación F puede ser identificado como una zona de guerra. Infestadas de crimen y drogas, escuelas que están mal, casas y apartamentos totalmente destruidos, etc. Ya entiendes, nada en lo que debes estar interesado como un inversor en bienes raíces novato.

Cuatro Factores Importantes para Evaluar un Vecindario.

Ahora que hemos mencionado las diferentes clases de bienes raíces, es momento de ver los diferentes factores involucrados en evaluar las ubicaciones o áreas en las que debes invertir. Probablemente lo has escuchado antes…hay tres factores principales en el éxito en bienes raíces: ubicación, ubicación y ubicación. Sí, es un viejo cliché, pero aún aplica. La ubicación es casi siempre el factor más importante en la rentabilidad de tus inversiones en bienes inmuebles.

La mayoría de los inversores nuevos en propiedades de renta, invierten en propiedades que están cerca de donde viven. Hacen esto porque ya están familiarizados con el área, y también porque las propiedades en los alrededores cercanos ofrecen un fácil acceso para muchas de las responsabilidades involucradas en rentar propiedades: Mostrar la propiedad, mantenerla, recolectar la renta, etc. Aunque ser dueño de propiedades en renta en la misma área en donde vives es en su mayoría ventajoso, hay una posible desventaja. Si la economía en tu área decae o se estanca, tendrás todos tus huevos en una sola canasta. Si todas tus propiedades están en un área, todas estarán sujetas a los mismos factores que pueden afectar la devaluación de la propiedad, incluyendo una economía en decadencia, incremento de las tasas de crimen, desastres naturales (inundaciones, tornados y huracanes, terremotos), etc.

Aquí hay algunos de los factores principales para evaluar un área para una posible inversión en propiedades para la renta:

1) **Tasa de Empleo.** ¿Cuál es la tasa de empleo en el área en la que estás pensando invertir? Eso tendrá un gran impacto en qué tan exitoso quieres ser con una propiedad en alquiler en esa área. Obviamente, si la tasa de desempleo en el área es alta, encontrarás que es un área en donde será difícil encontrar y mantener arrendatarios de buena reputación.

2) **Tasa de Crimen.** La tasa de crimen en el área también será un factor que definirá si serás capaz de asegurar y mantener arrendatarios. Crímenes mayores como homicidios, asaltos sexuales, atracos, robos y secuestros, con seguridad van a empañar la reputación y la habitabilidad de un área y esos crímenes y la reputación que los acompaña, pueden impactar tu oportunidad de éxito en esa área o ubicación.

3) **Sistema Escolar.** ¿El área que estás considerando tiene un buen sistema escolar? Si vas a rentar a familias con niños, el sistema escolar en el área podría impactar tu habilidad de rentar una propiedad. Si el área tiene un buen sistema escolar, es probable que encuentres que las personas quieren vivir allí por eso. Por otro lado,

si la reputación del sistema escolar del área es poca, puedes notar que las personas buscan mudarse a otro distrito.

4) **Vacante/No Vacante.** ¿El área que estás considerando para propiedades en renta tiene muchas vacantes? ¿o casi ninguna vacante? Esto también será un indicador del posible éxito que podrías tener en el área. Si hay muchas vacantes en tu área, comerciales y residenciales, encontrarás que es mucho más difícil alquilar una propiedad. Y posiblemente notes que las tasas de renta tienen márgenes de ganancia mucho más bajos, ya que el mercado es mucho más competitivo. Si conduces a través de un vecindario y encuentras muchos negocios o casas clausuradas o vacantes, no es una buena señal. Por otro lado, si conduces a través del área y notas que muchas residencias y negocios están siendo remodelados, eso es una señal de que las personas están invirtiendo en el área.

Cómo Identificar un Mercado Emergente de Bienes Inmuebles.

Si vas a invertir en propiedades para renta, querrás buscar mercados de bienes inmuebles emergentes. Hay un número de indicadores seguros de sí un mercado está floreciendo o en declive. Aunque mucha de esta información puede encontrarse en línea, no debes subestimar el valor de encontrar información de estas áreas simplemente visitándolas y reuniéndote con las personas que viven y trabajan allí. Aunque la data y los análisis son importantes cuando se toman decisiones en bienes raíces, nunca debes pasar por alto el "examen de vista" como una parte de tu toma de decisiones.

Una de las cosas determinantes a considerar en tus inversiones en bienes inmuebles, es el crecimiento poblacional del área. ¿El área está creciendo, está estable o estancada, o está decayendo? Obviamente, el crecimiento poblacional y la demanda correspondiente por viviendas es deseable para los inversores en bienes raíces. Más probablemente querrás aferrarte a un área que está creciendo cuando selecciones las áreas en las que quieres poseer tus inmuebles.

Otro factor a considerar es la existencia de hogares en venta. Incluso si parece ser una depresión económica, un incremento en la venta de casas existentes puede ser un fuerte indicador de que el área está emergiendo nuevamente. Como inversor en bienes inmuebles, tienes que estar consciente de que las áreas y los vecindarios a menudo se regeneran a sí mismos, y si puedes llegar a esas áreas temprano en ese proceso, podrás hacer muchas más ganancias de lo que harías si llegas más tarde. Habiendo dicho eso, algunas áreas y vecindarios nunca se regeneran y será importante que identifiques esas áreas mientras decides si invertirás o no en ellas. Las ventas de casas existentes en el área, son un indicador clave de la posible vitalidad del área. Cuando revises estadísticas para cualquier área, es importante notar que necesitarás afinarlas tanto como sea posible. Por ejemplo, si estás buscando hacer una inversión en bienes inmuebles en el área de Atlanta, es importante que refines esa información a un área más pequeña. Atlanta es un área metropolitana grande y hay vecindarios allí que están floreciendo y otros que están batallando en cualquier momento dado. Entonces, necesitarás refinar tu información, buscar un código postal o preferiblemente incluso un vecindario dentro de un código postal.

Tasas de renta en aumento son otro fuerte indicador al buscar un mercado emergente de bienes inmuebles. Si las tasas de renta están incrementando constantemente año tras año, esto indica que el mercado de bienes raíces en el área es sano y un posible objetivo para invertir. Si estás interesado en determinar las tasas de renta en un área dada, el índice de renta de Zillow proporciona información valiosa, incluyendo la media estimada de la tasa de renta de mercado en cualquier región y tipo de vivienda específica.

También, nuevas construcciones en el área son un indicador de que el área es sana desde el punto de vista de bienes inmuebles. El índice de Construcción Residencial, proporcionado por la oficina de censos de los Estados Unidos, contiene información valiosa acerca del número de permisos de edificios que han sido otorgados para un área en particular, y también el número nuevas casas que son comenzadas y terminadas cada mes.

Las tasas de ejecución hipotecaria en cualquier área son otro indicador del potencial de inversión en bienes raíces. Como alguien que se interesa en propiedades para renta, probablemente querrás alejarte de las áreas que tienen tasas de ejecución hipotecaria en aumento.

También, hay factores menos convencionales que pueden indicar si un área es un buen objetivo para invertir. ¿Una compañía grande anunció que se reubicará en el área o que abrirá una sucursal en el área? Si es así, significa que los empleados también se estarán reubicando a esa nueva locación. Algunos de ellos estarán buscando mudarse más cerca de su sitio de trabajo. De cualquier forma, eso es bueno para la economía del área. Por lo contrario, ¿Una compañía grande anunció que dejarán el área? Si es así, la mudanza puede tener un impacto negativo en la economía local.

Otro indicador menos convencional del potencial de bienes inmuebles es determinar el tiempo normal que le toma a una casa ser vendida o rentada. Si el tiempo promedio está por encima de seis meses, esto puede ser un indicador de que el mercado es plano y no es un buen candidato para una inversión actual. Por otro lado, si se están vendiendo o rentando en 30 días, es una muy buena señal y es un indicador de que el área es un buen objetivo de inversión.

Capítulo 3 – Escoger la Mejor Propiedad

Ahora que sabes más acerca de cómo evaluar propiedades y áreas y cómo identificar áreas que son buenos objetivos de inversión, es momento de hablar acerca de cómo escoger los tipos de bienes inmuebles que funcionarán mejor para ti. Esta es una parte importante del proceso, ya que minoristas que quieren ser inversores cometen el error de escoger un área de renta que no encaja con sus intereses o sus personalidades.

Bienes Inmuebles Residenciales para Invertir

Puedes sorprenderte al saber que hay muchos tipos diferentes de bienes inmuebles en los cuales invertir, incluyendo un número de tipos diferentes de bienes inmuebles residenciales:

1) **Casas individuales de familia.** Estas son el tipo más popular de viviendas para alquiler. Aunque las casas individuales de familia también incluyen otros tipos de viviendas listadas posteriormente (apartamentos, condominios, townhouses, cooperativas, viviendas de lujo, viviendas vacacionales), las viviendas individuales de familia son la categoría más grande de los bienes raíces residenciales.

2) **Condominios/cooperativas.** Aunque los condominios y las cooperativas son viviendas individuales de familia, son un poco distintas ya que son administradas por una asociación de propietarios. Esta asociación es usualmente responsable por las áreas comunes y las responsabilidades del complejo, incluyendo recolección de basura, paisajismo, mantenimiento de áreas comunes y mantenimiento exterior frecuente de las unidades individuales. En retorno, la asociación de propietarios recolecta un impuesto de todos los miembros. Si vas a rentar una unidad que está administrada por

una asociación de propietarios, tienes que incorporar los impuestos de propietario en la renta que cobres a tus inquilinos.

3)   Viviendas Multi familiares. Las viviendas multi familiares son propiedades que incluyen dos o más inmuebles que son rentados por separado. Esto incluye edificios de apartamentos, dúplex o triples. Con algunos inversores en bienes raíces, el dueño vive en una de las unidades y renta las otras. Poseer viviendas multi familiares es ligeramente más complicado que poseer viviendas individuales de familia, ya que el desempeño de la propiedad está basado en el desempeño de cada unidad individualmente. También, debes saber que las viviendas multifamiliares son clasificadas a veces como propiedades comerciales, dependiendo del número de unidades involucradas.

4)   Viviendas de Lujo. Las viviendas de lujo son viviendas de la mejor calidad que contienen las últimas comodidades, tecnologías y dispositivos. Estas son propiedades que demandan tasas de renta muy altas. Y son las viviendas más costosas en las qué invertir.

5)   Viviendas Vacacionales. Las viviendas vacacionales son alquiladas a menudo por temporadas, con las tasas de renta fluctuando desde altas durante las temporadas altas, hasta bajas durante las temporadas bajas. La mayoría de las viviendas vacacionales están ubicadas en áreas turísticas. Áreas en Texas, Florida y Arizona tienen muchas viviendas vacacionales en donde acomodar a personas que viven en climas fríos, personas de las áreas al norte de los Estados Unidos que están tratando de escapar del clima frío de los inviernos. Los inversores también poseen viviendas vacacionales a lo largo de las costas en varias ubicaciones. Otros tienen viviendas vacacionales cerca de destinos turísticos como Disney World. Y casas del lago en las áreas del norte del país como Minnesota, Michigan y Wisconsin, también pueden ser buenas inversiones. Una de las ventajas de poseer una propiedad vacacional es que los dueños pueden usar a menudo esas propiedades para sus propias vacaciones o escapadas y luego rentar la propiedad por el resto del año.

Tipos de Bienes Inmuebles Comerciales

Los bienes raíces comerciales cubren muchos tipos diferentes de bienes raíces, todo desde edificios o espacios de oficinas individuales a rascacielos enormes, aeropuertos, estadios, parques de diversiones y centros comerciales. Como un novato en bienes inmuebles, vamos a suponer que estás más cerca de los inversores con menos dinero, pero debes saber que casi todos los tipos de bienes inmuebles comerciales que estamos listando, incluyen propiedades tanto grandes como pequeñas. Debido a los costos involucrados, los bienes raíces comerciales normalmente son un juego de grandes ligas. De la misma forma, la mayoría de los acuerdos de arriendo comerciales son más largos que los acuerdos residenciales, debido a que los espacios son normalmente construidos en el edificio o propiedad para los inquilinos.

1)   **Espacio de oficina.** Esta es la propiedad comercial más común. El espectro del espacio de oficinas va desde propiedades con un solo inquilino hasta rascacielos y complejos de oficinas que son hogar de cientos de inquilinos y miles de sus empleados. Como en las propiedades residenciales, las propiedades comerciales son clasificadas con niveles de calificaciones (A, B, C). Los bienes inmuebles comerciales de clase A consisten en edificios nuevos o recientemente restaurados extensivamente. Normalmente están en áreas excelentes y por lo general son administrados por compañías profesionales de administración. Los bienes raíces comerciales de clase B son la clase más popular para inversores. Normalmente son edificios ligeramente más viejos que requieren algo de inversión de capital para reparaciones menores o actualizaciones. Las propiedades comerciales de clase C son a menudo edificios viejos que son

objetivo de renovaciones mayores o remodelaciones. Los que invierten en propiedades de clase C, generalmente pueden esperar inversiones importantes de capital para actualizar la propiedad y hacerla comercializable a los inquilinos. Las tasas de vacantes son usualmente mucho más altas en propiedades de clase C, y estas propiedades son mucho más difíciles de rentar.

2) Minoristas. De nuevo, el espectro es gigante, va desde una tienda de impresiones que podría tener dos o tres empleados, hasta un restaurante o banco que podría tener 50 empleados, o un centro comercial inmenso que podría tener miles de empleados. Las propiedades minoristas a menudo están ubicadas en áreas urbanas o en distritos de negocios. La mayoría de los centros comerciales pertenecen a grupos grandes de inversión, pero del otro lado del espectro, algunas locaciones minoristas más pequeñas pertenecen a una pareja o a una familia de inversores.

3) Industrial. Las propiedades industriales van desde instalaciones de manufactura hasta instalaciones de almacenamiento. A menudo requieren grandes espacios para colocar áreas de puerto para los envíos que entran y salen. Estas propiedades industriales normalmente son más bajas en renta y más bajas en áreas de tráfico, ya que son negocios de más bajo perfil que no requieren bienes inmuebles de primera.

4) Multi familiares. Esto incluye locaciones residenciales que tienen al menos cuatro unidades. También incluyen grande complejos de apartamentos y complejos de condominios de alto alcance. Muchos inversores en propiedades residenciales que quieren empezar en bienes raíces comerciales, escogen comenzar invirtiendo en propiedades multi familiares como edificios de apartamentos que pueden acomodar desde cuatro hasta una docena de inquilinos. Como discutimos los bienes raíces en este capítulo, debemos aclarar que los acuerdos de arrendamiento residenciales son usualmente mucho más cortos que los comerciales. La mayoría de los arriendos residenciales tienen términos para seis o 12 meses. La mayoría de los alquileres comerciales van desde 3 a 20 años, dependiendo del edificio y de los negocios. Los arriendos comerciales son normalmente más largos porque el dueño usualmente tiene que hacer arreglos al edificio para que encaje el negocio del inquilino. Y cuando el inquilino se va, el edificio o espacio generalmente tiene que servir a otro propósito o ser remodelado para encajar con el siguiente inquilino.

5) **Propósito especial.** Así como acabamos de mencionar cambiar el propósito, también debemos mencionar los bienes inmuebles comerciales con propósitos especiales. Esto es generalmente un edificio construido para un propósito único o especial y que a menudo no puede cambiarse sin hacer muchas renovaciones. Negocios como autolavados, escuelas e instalaciones de almacenamiento son considerados locaciones de propósitos especiales. Por ejemplo, si eres dueño de una propiedad y estás rentando a un inquilino que tiene un autolavado, no será fácil cambiar el propósito de ese edificio si el inquilino se va. Tendrás que arrendar a otro inquilino que quiera utilizar las instalaciones como un autolavado o tendrás que prepararte para hacer remodelaciones o renovaciones mayores para el siguiente inquilino. Por eso es que los arriendos de edificios para propósitos especiales normalmente son mucho más largos que para cualquier otro tipo de bienes raíces.

Y mientras discutimos los bienes inmuebles comerciales con propósitos especiales, también debemos mencionar las urbanizaciones de diversos usos. Estas urbanizaciones se han vuelto extremadamente populares en los últimos años, mayormente en áreas urbanas. Un ejemplo de una urbanización de usos diversos sería un complejo de apartamentos de múltiples pisos con uno o varios negocios en la planta baja. Ese negocio podría ser un restaurante de pizza, un club de salud, o incluso un supermercado. Generalmente, el negocio ubicado en la planta baja del complejo es una ubicación minorista que puede beneficiarse financieramente de los inquilinos de arriba. De forma similar, las grandes compañías tienen edificios de usos diversos en donde las oficinas constituyen una gran parte del espacio, pero también rentan el espacio restante a otros negocios minoristas que se pueden beneficiar del gran número de empleados. Como un ejemplo, una compañía grande en la industria de electrónicos tiene un campus con múltiples edificios y miles de empleados. Permiten que ciertas compañías minoristas renten espacio dentro de su edificio, incluyendo compañías de café, tintorerías, club de salud, y una oficina médica. La idea es que no solo estos negocios puedan beneficiarse del gran número de empleados de la compañía, sino que la compañía también está haciendo las cosas más convenientes para sus empleados que ya no tienen que dejar las instalaciones para hacer algunas de sus diligencias o actividades.

6)   **Ocupado por el dueño.** Algunos inversores en bienes raíces compran propiedades con la intención de usarlas para sus propios propósitos. Algunos de estos inversores usan una porción del espacio para ellos y rentan el resto a inquilinos. Esta estrategia puede ser aplicada a muchas de las opciones de bienes inmuebles comerciales antes discutidas.

La Regla del 1% para Invertir en Bienes Inmuebles

Anteriormente mencionamos la regla del 1%. Mientras considera qué inversiones en bienes raíces hacer, necesitarás algún tipo de herramienta de medida para determinar cuánta renta necesitarías cobrar por una propiedad, comercial o residencial. Necesitarás asegurarte que la renta que les estás cobrando a tus inquilinos al menos cubre todos tus gastos por la propiedad, con suerte más, para que puedas tener una ganancia. Después de todo, la mayoría de nosotros no pretendemos comenzar en bienes raíces como un hobby, la mayoría de nosotros estamos buscando generar ganancias. La regla del 1% para invertir es una forma de determinar cuánta renta necesitarás cobrar por cualquier propiedad en alquiler en la que inviertas. Así es como funciona. (Discúlpanos por ser un poco redundantes, pero es totalmente imperativo que tengas una herramienta de medida del monto de la renta que necesitarás cobrar para producir ingresos a partir de la propiedad).

Con la regla del 1%, simplemente multiplicas el precio de compra de la propiedad por 1% para determinar el nivel base de la renta mensual que necesitarás cobrar. Por ejemplo, si compras una propiedad por $300,000, multiplicas eso por 1% para obtener una tasa base de $3000. Esos $3000 serán la base con la que debes trabajar al determinar el nivel de renta para un inquilino. Por favor entiende que ese es solo el nivel base y que necesitarás también considerar otros gastos para la propiedad, incluyendo cosas como seguro, impuestos y mantenimiento. El mantenimiento puede incluir cosas como recolección de basura, servicios de limpieza, remoción de nieve y paisajismo. Esos gastos también deben ser tomados en cuenta cuando determines tu nivel de renta, y tu punto de ganancia.

Obviamente, la renta o rentas que estás cobrando necesitan cubrir tus pagos de hipoteca (a menos que en verdad estés invirtiendo en bienes inmuebles como una caridad o un hobby). Si la propiedad en la que estás interesado requerirá reparaciones o renovaciones mayores antes de poder ser rentada, necesitarás añadir esos estimados de costos al precio de compra antes de calcular el 1%. Por ejemplo, si la propiedad de $300,000 en la que estás interesado requerirá una reparación del techo de $20,000 antes de poder salir al mercado, añadirás esos $20,000 antes de calcular el 1%. Como un inversor, idealmente debes buscar un préstamo hipotecario con pagos mensuales que sean menores al 1% que ya calculaste.

Nuevamente, hay muchos otros factores que considerar al evaluar el potencial de ganancia de una propiedad, pero la regla del 1% al menos te da una base para comenzar a determinar qué nivel de renta necesitas cobrar y qué tipo de pagos de hipoteca debes buscar al comprar la propiedad.

Preguntas Esenciales que Tomar en Cuenta Cuando Evalúas una Propiedad

Invertir en bienes inmuebles para rentar es una consideración muy importante y necesitarás asegurarte de hacerte las preguntas correctas cuando evalúes cualquier propiedad. Aquí hay algunas preguntas que deberías hacer cuando consideres comprar propiedades para la renta:

1) **¿La ubicación es una inversión sólida?** Como mencionamos antes, la ubicación puede ser el factor principal en la rentabilidad de una propiedad. Cuando se evalúa una ubicación hay un número de cosas a considerar. ¿La ubicación está cerca de comodidades que tus posibles inquilinos van a requerir? Si estás planeando rentar a familias jóvenes con niños, instalaciones cercanas como buenas escuelas, supermercados, gimnasios y restaurantes van a mejorar tu inversión. Si estás planeando rentar a ciudadanos mayores, instalaciones cercanas como supermercados, oficinas médicas, clínicas y clubes de salud serán atractivas para los posibles inquilinos. Si estás pensando rentar a estudiantes universitarios, sitios cercanos como bares, restaurantes y gimnasios, pueden aumentar el atractivo de tu propiedad. Otra cosa a considerar en la ubicación es si el área posee una piscina de posibles inquilinos suficientemente grande. Por ejemplo, si tienes una propiedad exclusiva en un área en donde los que residen son mayormente trabajadores de clase media, puedes tener dificultades al rentar esa propiedad. Si tienes una propiedad clase C con una renta baja en un área que es de residentes en su mayoría exclusivos, puede ser difícil rentar. Entonces, asegúrate de que tu ubicación encaja con la piscina de posibles inquilinos que tienes de objetivo. Si te puedes asegurar

de eso, también asegurarás tener un ingreso constante por renta durante el tiempo que poseas la propiedad.

2) ¿La propiedad es funcional? Si no, ¿qué se necesitará para hacerla funcional? Está bien comprar una propiedad que necesite reparaciones, incluso reparaciones mayores. Sin embargo, antes de comprar esa propiedad, tendrás que determinar cuánto costará y cuánto tiempo tomará hacer que la propiedad sea funcional. Los inversores novatos se caracterizan por subestimar los costos involucrados en arreglar una propiedad. Hemos escuchado a algunas personas diciendo que, si estás estimando los costos y el tiempo de una propiedad, simplemente debes tomar cualquier monto que obtengas y duplicarlo. Ellos viven del mantra: "Si algo puede salir mal, saldrá mal". Entonces, si calcularon que los costos de renovación serán $20,000, pensarán que podrían terminar gastando hasta $40,000 en la renovación. Si calcularon seis semanas para hacer la renovación, estarán conscientes que podría tomar hasta tres meses si las cosas no salen como lo planearon.

Cuando evalúes la propiedad en la que estás interesado, tendrás que determinar qué cosas puedes reparar tú mismo y para qué cosas necesitaras buscar contratistas. Y, obviamente, también tienes que calcular los costos de materiales para cualquier renovación. Esto puede ser un proceso algo complicado; por eso es que muchos inversores novatos en bienes raíces de renta, solo optan por comprar propiedades que no requieren renovaciones importantes. Toman la actitud de que al menos tienen un mejor indicador de en qué se están metiendo en cuanto a costos. Si no tienes experiencia renovando propiedades, es más posible que te encuentres con sorpresas costosas cuando estés arreglando un inmueble.

También, debes saber que cuando nos referimos a una propiedad funcional, también nos referimos a una propiedad que es fácilmente rentable a inquilinos y que es segura para ellos. Si estas cosas no están sucediendo, limitarás tu habilidad de rentar la propiedad o puedes poner en peligro a un inquilino, hasta el punto en donde estás poniendo en riesgo su seguridad o arriesgándote a una seria acusación de seguro en tu contra. Por ejemplo, si tienes un techo que gotea, eso seguramente impactará tu habilidad de rentar la propiedad, o incluso, si la rentas, puede comprometer tu habilidad de continuar rentándola. O, si tu techo está completamente destruido, podrías poner en peligro la seguridad de un inquilino.

3) ¿Cuánto costará mantener la propiedad? Al evaluar la viabilidad o la posible rentabilidad de una propiedad para alquiler, necesitarás determinar también cuánto costará mantenerla. Por ejemplo, si eres dueño de un pequeño complejo de oficinas, probablemente tendrás que pagar por paisajismo y recolección de basura. Si tienes áreas comunes en el edificio, tendrás que pagar por servicios de limpieza, incluyendo mantenimiento de baños. Si estás en un área norteña, probablemente tendrás que pagar por remoción de nieve. Todos estos costos de mantenimiento tendrán un impacto en la rentabilidad de tu propiedad de alquiler. Debes notar que puede haber más costos involucrados en unas propiedades que en otras. Por ejemplo, si estás rentando una propiedad vacacional que tiene inquilinos frecuentes, tendrás que pagar más frecuentemente para preparar la propiedad para los nuevos inquilinos. Si estás rentando una propiedad para estudiantes universitarios que podrían usarla para hacer fiestas, podrías tener que pagar más en costos de reparación cuando te prepares para nuevos inquilinos. ¿La propiedad está cerca de donde vives o trabajas? ¿Estarías dispuesto a hacer cualquier reparación menor o necesitarás contratar a una empresa de administración para que se ocupe de esas reparaciones? Esas son todas las cosas en las que debes pensar cuando estés evaluando la viabilidad de una propiedad para renta.

Además de reparaciones y costos de rutinas de mantenimiento, debes hacerte algunas otras preguntas respecto a la viabilidad de la propiedad. ¿Cuáles son los impuestos esperados sobre la propiedad? ¿Los costos de seguro proyectados? ¿Cuál es la tasa de vacantes para el área en donde está ubicada la propiedad? ¿Cómo cubrirás los gastos de vacantes? ¿Tendrás un fondo separado preparado para eso o tendrás que pedir dinero prestado? (Esperemos que no). ¿La renta que tendrás que cobrar por la propiedad es competitiva con las tasas cobradas por propiedades similares en el área? ¿La propiedad está ubicada en un área floreciente? ¿En un área en declive? ¿Hay algún cambio próximo en el área que impacte la economía? (por ejemplo, una compañía importante llegando o dejando el área) ¿Hay algún metro u otro medio de transporte importante que se ubicará en el área? ¿O algún estadio deportivo? Esto puede afectar la disponibilidad de estacionamiento en el área y hacer que la propiedad residencial sea menos deseable. Por otro lado, también ofrece más oportunidades para bienes raíces comerciales para nuevos restaurantes, bares y hoteles.

Comprar una propiedad de inversión puede ser complicado. Lo bueno es que las propiedades para renta también pueden ser muy rentables. Pero querrás asegurarte de hacerte todas las preguntas necesarias antes de invertir en cualquier propiedad. Calcular mal cualquiera de estos factores podría hacer la diferencia entre ser rentable o perder dinero en tu inversión.

Capítulo 4 – Financiando tus Propiedades para Alquiler

Hemos estado hablando acerca de por qué tener propiedades para rentar es una buena idea, los diferentes tipos de inversiones en propiedades para renta y las cosas a considerar cuando se escoge una propiedad para alquilar. Ahora es momento de decirte las formas en las que puedes financiar una propiedad para alquilar. Hay múltiples formas de hacer esto, incluyendo algunas formas para los inversores principiantes que entran al mercado.

Hackeo de Casas: Genera Dinero y Vive Gratis

Algunos de ustedes pueden no estar familiarizados con el término "hackeo de casas", entonces, antes de explicar cómo hacerlo, debemos explicar qué es. El hackeo de casas involucra la renta o arriendo de propiedades ocupadas por el dueño a inquilinos, como esfuerzo para subsidiar los costos de estadía para el dueño. El hackeo de casas es especialmente popular entre inversores jóvenes y solteros. Así es como funciona. Una persona compra una casa (o ubicación de oficina) con la intención de vivir en esa vivienda. Alquilan la casa a uno o más ocupantes y usan el ingreso por renta para subsidiar o financiar los costos de la propiedad. Por ejemplo, un recién graduado universitario opta por comprar una casa inicial y luego compartirla con dos compañeros de cuarto. Su pago de hipoteca es de $1100 al mes y le cobra a cada uno de sus compañeros $600 al mes para cubrir los costos de su hipoteca y algunos costos adicionales de la casa, incluyendo agua y electricidad. En esencia, el recién graduado es capaz de vivir en una casa gratis y, al mismo tiempo, hacer que sus inquilinos paguen por la equidad que acumula en la vivienda.

La ventaja para los compañeros de cuarto es que pagan menos para vivir en esta casa de lo que pagarían para rentar un apartamento de una habitación. Al mismo tiempo, tienen más espacio y posiblemente más comodidades de lo que tendrían en un apartamento de una habitación.

La posible desventaja para el dueño es que tiene que compartir su espacio de vida y podría preferir más privacidad. (Por el otro lado, podría disfrutar la compañía). Como la mayoría de nosotros que hemos compartido un área de vida, sabemos, el arreglo de convivencia funciona mucho mejor si las partes son compatibles. También, podría haber algunos riesgos de seguridad si le rentas a un extraño. Escuchamos una historia de un hombre que compartía su casa con un compañero, solo para llegar a la casa un día y ver que todas sus pertenencias habían desaparecido.

También debemos resaltar que el hackeo de casas no siempre involucra compañeros de cuarto. No es inusual para algunos hackers de casa el comprar dúplex o triples, viviendo en una de las unidades y luego rentando las otras unidades a otros. Esto le permite al dueño tener mucha más privacidad de la que tendría compartiendo una unidad con compañeros de cuarto.

Repasemos los beneficios del hackeo de casas:

1) Puedes disminuir o eliminar tus gastos de vivienda. Como todos saben, para la mayoría de nosotros, el gasto de vivienda es usualmente nuestro gasto más grande del mes. Las estadísticas muestran que los estadounidenses gastan alrededor del 40% de su ingreso en vivienda. Con el hackeo de casas, serás capaz de reducir substancialmente o eliminar esos gastos. Y para los recién graduados de la universidad que están viviendo con sus padres, el hackeo de casas también ofrece más independencia que la que tendrías viviendo con ellos.

2) **Aumenta tu ingreso, ahorros.** Muchas personas ven la etapa de hackeo de casas como una transición o etapa temporal que les permite trabajar por su propia independencia financiera mientras pagan préstamos estudiantiles o de carros o ahorran dinero para la siguiente casa luego de la vivienda inicial. Alunas personas usan el hackeo de casas mientras trabajan por una segunda propiedad de inversión, otros simplemente usan el dinero para pagar unas buenas vacaciones.

3) **Obtener algo de experiencia como arrendador.** Vivir con inquilinos te permitirá comenzar en el mundo de ser un arrendador. Escuchando los deseos, necesidades y preocupaciones de los inquilinos, obtendrás una idea de cómo es ser un arrendador. También tendrás una idea de las cosas que pueden salir mal para un propietario (goteras, inquilinos que pagan tarde, el refrigerador deja de funcionar, etc.). Cuando se requieren reparaciones, aprenderás a resolver problemas, ya sea reparando las cosas por ti mismo o contratando a alguien que haga las reparaciones por ti.

4) **Poseer propiedad.** Como un hacker de casas, establecerás pertenencia sobre la propiedad. Al mismo tiempo, el valor de tu inversión puede ir escalando y cuando vayas a vender la propiedad, cosecharás los beneficios del valor aumentado.

Formas Creativas de Financiar tus Propiedades para la Renta

La forma convencional de comprar una propiedad para la renta es ahorrar para el pago inicial y luego conseguir una hipoteca para cubrir el resto del monto. Sin embargo, hay otras formas en las que puedes financiar la compra de una propiedad para la renta.

1) **Hackeo de Casas.** Como se explicó antes, el hackeo de casas es una forma popular de financiar tu primera propiedad para la

renta.

2) **Financiamiento del Vendedor.** Algunos Vendedores están dispuestos a prestar dinero para la compra de su propiedad. Algunos de ellos están dispuestos a prestar el monto total de la compra; otros están dispuestos a prestar el monto de la inicial. Si puedes hacer esto, puedes encontrar que es un proceso mucho más sencillo y con menos papeleo que un préstamo bancario. Como alguien que está comprando la propiedad, quieres asegurarte de que estás recibiendo una tasa de interés justa. A menos que seas muy experimentado en comprar propiedades de bienes raíces, sería muy aconsejable que consultes con un abogado para iniciar esta compra. Y cualquier cosa que hagas, asegúrate que tengas tu acuerdo por escrito. Para muchos de ustedes, está sería una de las compras más grandes de su vida y con certeza quieren asegurarse que está propiamente documentada.

Discutiendo el financiamiento del vendedor, debes saber que muchos vendedores no promocionan que ofrecen financiamiento. Si realmente estás interesado en financiamiento del vendedor como una opción, debes preguntarle al vendedor si están dispuestos a ofrecerlo. Es posible que el vendedor no haya pensado antes en eso y puede ser que están tan interesados en vender la propiedad que estarán dispuestos a ofrecerte financiamiento con una buena tasa.

3) **Asociaciones.** Si no tienes suficiente dinero para el pago de una inicial, podrías conseguir un socio para tu compra. ¿Tienes un amigo o un miembro de tu familia que estaría dispuesto a asociarse contigo en la compra de una propiedad para la renta? Aunque puedes estructurar un acuerdo de sociedad de la forma que quieras, debes saber que en muchos acuerdos de sociedades en bienes raíces, uno de los socios hace el pago inicial, y el otro socio maneja todos los deberes del arrendador, incluyendo recolectar la renta, hacer reparaciones, interactuar con los inquilinos, etc. En esencia, la persona haciendo el pago inicial, es generalmente un socio silencioso. A cambio del pago de la inicial, los dos socios acuerdan repartir las ganancias provenientes del ingreso por renta y también cuando la propiedad es vendida. De nuevo, estos acuerdos de sociedad pueden ser estructurados de cualquier manera que tú y tu socio quieran, pero el principio básico de la sociedad es que un socio proporciona los fondos mientras que el otro hace el trabajo.

Muchas sociedades son compañías de responsabilidad limitadas (LLC) en las cuales puedes representar específicamente tu acuerdo y los roles correspondientes de cada parte. Una LLC es muy buena ya que también protegerá tus activos personales en el evento en el que tu negocio o sociedad sean demandados. Como recomendamos anteriormente en cuanto a financiamiento del vendedor, todos los acuerdos de sociedades deben estar por escrito. Los acuerdos verbales y darse la mano no son aconsejables para una compra tan grande. Si no tienes una relación con un abogado que pueda iniciar una LLC o un acuerdo de sociedad, hay compañías como Rocket Lawyer o LegalZoom que están disponibles en línea para ayudarte a redactar acuerdos legales sencillos.

4) **Programas del Gobierno.** Puede que no estés familiarizado con la FHA, Administración Federal de Viviendas. La FHA ofrece préstamos razonables para propiedades ocupadas por el dueño, incluyendo dúplex, triples y cuádruples o edificios de apartamentos de cuatro unidades. La tasa del préstamo de la FHA es muy razonable entre 3-1/2%. Los límites de préstamos de la FHA son diferentes para cada país, entonces, si estás interesado en el financiamiento de la FHA, te sugerimos que averigües cuál es el límite de préstamo en tu país antes de vayas demasiado lejos en tu búsqueda de propiedades de renta para invertir.

5) **Cuentas de Jubilación.** Si eres un poco mayor y tienes alguna cuenta de jubilación de la que puedas sacar dinero, esta es

otra buena forma de financiar la compra de una propiedad para la renta. Si tienes una cuenta IRA (Cuenta Individual de Jubilación), no estás restringido a activos tradicionales como mercados de acciones o fondos mutuos. También se te permite invertir esos fondos en activos no tradicionales, incluyendo propiedades para renta. Nuevamente, vamos a sugerir que consultes con un profesional en usar los fondos de una cuenta de jubilación para una compra de bienes inmuebles, ya sea un planeador financiero o un contador público certificado. Comprar una propiedad para renta es un negocio serio y no debes tratar de hacerlo sin el consejo de un profesional, a menos que tengas experiencia haciéndolo.

Comienza a Ahorrar Ahora Mismo para el Pago de una Inicial

Como alguien que ya ha leído tanto de este libro, parece que tienes un interés sincero en comprar y poseer una propiedad para la renta. Habiendo dicho eso, podrías estarte preguntando cómo vas a acumular el monto que necesitas para realmente comprar la propiedad. En este capítulo, hemos presentado algunos pensamientos simples de cómo puedes ahorrar suficiente dinero para hacer el pago de una inicial. La mayoría de estas ideas son técnicas de planeación financiera que pueden ser exitosas para cualquiera que esté buscando ahorrar suficiente dinero para cualquier compra en particular.

1) **El Plan del Porcentaje.** Usando el plan del porcentaje, te animamos a primero determinar dónde gastas todos tus ingresos normalmente. Sugerimos que detalles todos tus gastos fijos u obligatorios de los últimos 90 días. Los gastos obligatorios o fijos son los que tienes que hacer e incluyen cosas como renta, servicios, préstamos estudiantiles y de vehículo, comida, gasolina, televisión por cables, servicios de internet, teléfono, etc. Estos pagos son fáciles de registrar, ya que tendrás recibos de la mayoría de ellos.

Aunque algunos de estos pagos pueden variar ligeramente de un mes a otro (por ejemplo, tu factura de la electricidad podría ser de $60 un mes y $70 otro mes), deberías tener suficiente información para saber cuál es tu promedio de gastos mensuales. Luego pondrás todos esos gastos obligatorios o fijos en una categoría y te moverás a la siguiente categoría, a la que llamaremos gastos a discreción.

Los gastos a discreción cubren el resto de los gastos que no son necesarios – cosas como un club de salud o membresía del gimnasio, el café diario de Joe que compras en el café de tu vecindario, gastos de bar/restaurante/entretenimiento, viajes de fin de semana y vacaciones, etc. Luego de que hayas listado todos los gastos a discreción que recuerdes, debes revisarlos y ver si alguno de ellos puede ser eliminado sin destruir severamente tu estilo de vida. ¿Estás utilizando tu membresía del gimnasio? ¿Puedes vivir sin la taza diaria de café del café del vecindario? ¿Realmente necesitas comer en restaurantes tres veces a la semana? ¿Puedes vivir sin un viaje de fin de semana? ¿Realmente necesitas el paquete Premium de TV por cable o puedes vivir con el paquete básico y menos costoso? Listando todos tus gastos a discreción de los últimos 90 días, serás capaz de ver cómo estás gastando tu dinero. Si puedes eliminar o reducir cualquiera de tus gastos a discreción, deberías ser capaz de colocar esos fondos en los ahorros para la inicial de una propiedad para renta.

Luego de que totalices tus gastos fijos y determines cuáles deberían ser tus gastos a discreción, debes calcular qué porción de tu ingreso corresponde a cada una de estas categorías. La mayoría de las personas encuentra que los gastos fijos son entre 50 y 70 por ciento de su ingreso. Tus gastos fijos son en su mayoría no negociables. Quizás puedes cortar un pequeño monto de tu paquete de TV por cable dejando algunos de los canales Premium. Quizás puedas compartir el viaje en carro o hacer tus diligencias desde casa para ahorrar en gastos de gasolina. Pero en su mayoría, tus gastos fijos son lo que son.

Tus gastos a discreción son exactamente eso...son a discreción. Debes determinar exactamente cuáles de esos gastos son indispensables para ti y cuáles puedes eliminar o reducir. Luego de que hayas determinado el monto que quieres asignar mensualmente para actividades a discreción, debes ver qué porcentaje de tu ingreso representan estos gastos. Y luego ver cuánto queda para ahorros.

Algunas personas terminan con un plan de 70/20/10. (70% fijos, 20% a discreción, 10% ahorros). Otros terminan con un plan de 50/30/20. Haz lo que funcione mejor para ti, sin embargo, lo importante es la categoría de ahorros, ya que usarás esos fondos para hacer el pago inicial de tu propiedad para la renta.

Estableciendo un límite mensual para tus gastos a discreción, serás capaz de ahorrar un acumulado de fondos necesario para comprar tu propiedad para alquiler. ¿Gastas impulsivamente? Si es así, eres el tipo de persona que podría tener más dificultad controlando tus gastos a discreción. Si este es el caso y necesitas ayuda controlando tus gastos mensuales, hay aplicaciones que pueden a ayudarte con eso.

Mint es una aplicación popular que te puede ayudar con tus gastos a discreción alertándote cuando estas acercándote al límite mensual que le asignes. Cuando te llega una "advertencia" de que estás cerca del límite, quizás eso pueda ayudarte a no hacer tantas compras en Amazon o en Starbucks.

Nuevamente, no hay reglas establecidas en cómo construir tu propio plan de porcentaje de ingresos. Lo que sea que funcione para ti está bien, mientras estés separando un monto mensual que necesitarás para el pago inicial de tu propiedad para alquiler.

2) **Ingeniería Inversa.** Otra forma en la que puedes determinar cuánto tiempo te tomará ahorrar para el pago inicial de tu propiedad para renta es trabajar hacia atrás utilizando ingeniería inversa.

Haciendo eso, primero determinas el precio aproximado de la propiedad que buscas. Para propósitos de este ejemplo, usaremos $100,000 como el número con el que trabajaremos. Notamos que este número puede ser extremadamente bajo para algunas áreas en el país, pero es un número sencillo con el que trabajar, especialmente para los que no son muy buenos en matemáticas. Ja. Entonces, si, por ejemplo, estás pensando comprar una propiedad de $100.000, sabes que tendrás un pago inicial de 20% en esa propiedad ($20.000). Además del pago inicial, tendrás costos de cierre que normalmente están entre el 1 y el 2% del pago inicial. También necesitarás un fondo de contingencia de quizás otro 1-2%. Para los propósitos de este ejemplo, mantengámoslo simple y listemos los costos de cierre y de contingencia/emergencia en $2000 cada uno. Entonces, sumado a los $20.000 del pago inicial, necesitarás aproximadamente $24.000 para comprar una propiedad de $100.000. Si quieres comprar la propiedad para renta en dos años, tienes que dividir el monto total de $24.000 entre 24 meses. Esto te mostrará que necesitas ahorrar $1000 al mes para alcanzar tu meta de ahorros de dos años. Si esto es muy ambiguo, siempre puedes cambiar tu plan de ahorro de 24 a 30 o 36 meses. O puedes tomar la decisión de buscar propiedades menos costosas. De nuevo, no hay una prescripción establecida para cómo establecer un plan de ahorros. Tendrás que decidir lo que funciona mejor para ti o con lo que puedes vivir. La meta de este plan de ahorros es simplemente calcular y determinar cuánto tomará acumular los fondos para comprar la propiedad para alquiler y luego poner el plan en acción.

3) **Automatizar Tu Presupuesto.** No es un secreto que la falta de fuerza de voluntad es el desalentador más común de cualquier presupuesto. Te propones controlar tus gastos al principio del mes y luego de unos días encuentras el sweater firmado de la liga Nacional de Fútbol que has estado buscando en eBay, o el bolso de diseñador que has estado buscando en Amazon. Hasta allí llegó el presupuesto que estableciste al comienzo del mes. Han pasado cinco

días y pasaste tu límite de gastos a discreción. Si este eres tú, y tienes dificultad controlando las compras impulsivas, puedes considerar automatizar tus pagos, especialmente tus ahorros.

Si luego de revisar tus gastos, determinas que puedes ahorrar $750 al mes, establece un pago automático una o dos veces al mes desde tu cuenta corriente a una cuenta de ahorros aparte que hayas designado para la compra de tu propiedad de alquiler. Debes tener una buena idea de cuándo recibes tus pagos y sabrás si te pagan mensualmente o quincenalmente. Establece el depósito automático a tu cuenta de ahorros apenas te depositen tu cheque. Quizás uno o dos días después. Al mismo tiempo, establece todos tus otros gastos fijos para que se paguen automáticamente, posiblemente en los mismos días. Luego, los fondos que queden en tu cuenta ese mes, los puedes usar como quieras en tus gastos a discreción. Estableciendo pagos automáticos, te asegurarás de que todos tus gastos fijos sean pagados. También estarás asegurando los montos que quieras ahorrar, ya que esos montos serán depositados antes de que hagas alguna compra a discreción.

Como mencionamos antes en este capítulo, sugerimos que revises todos tus gastos antes de establecer algún plan o presupuesto y luego determina si hay algunas áreas en las que puedes eliminar o reducir gastos. Elimina las cosas que no añaden valor a tu vida.

Capítulo 5 – Herramientas de Bienes Inmuebles para el Éxito

Ahora que sabes cómo acumular los fondos que necesitarás para hacer el pago inicial de tu primera propiedad para alquiler, vamos a expandir la vista y hablar acerca de algunas maneras en las que puedes construir una cartera de bienes raíces y de las personas que quieres tener en tu "equipo" de bienes raíces si tienes múltiples propiedades.

Estrategias para Construir una Cartera de Bienes Inmuebles Exitosa.

Una de las razones principales por las que el mercado de renta de bienes raíces es tan atractivo es porque la pertenencia de propiedades es cada vez más escasa y el porcentaje de personas que están alquilando está aumentando. Esto ha estado pasando por un par de décadas, y con el precio de viviendas en continuo aumento, esa tendencia probablemente no cambie pronto. Con esto en mente, es un muy buen momento para invertir en propiedades de bienes inmuebles y establecer una cartera de propiedades rentables que te dejarán financieramente estable por el resto de tu vida. Aquí hay un número de diferentes maneras en las que puedes establecer tu cartera de bienes raíces una vez que pases tu primera propiedad en renta.

1) **Compra Unidades Multi Familiares.** Hemos detallado muchos de los beneficios de las unidades multi familiares previamente en este libro. Si quieres construir tu "imperio" de bienes inmuebles, una de las mejores formas de hacerlo es comenzar a comprar unidades multi familiares. Los novatos en inversiones en bienes raíces a menudo comienzan con unidades multi familiares ocupadas por el dueño como dúplex, triples y cuádruples; luego se

gradúan a unidades multi familiares más grandes como complejos de apartamentos. Siendo dueño de múltiples unidades en la misma ubicación, serás capaz de consolidar tus esfuerzos y costos. Un propietario que tiene cuatro viviendas de familias individuales, obviamente tiene que poner más tiempo, esfuerzo y moverse más distancia que un propietario que posee un cuádruple. Entonces, si quieres comenzar a expandir tu imperio de renta de bienes inmuebles, las propiedades multi familiares son un gran punto para empezar.

2) **El Método de la Bola de Nieve.** Warren Buffet es uno de los inversores más exitosos de todos los tiempos y tiene mucho éxito utilizando el método de inversión de la bola de nieve. La mayoría de nosotros que vivimos en el norte de los Estados Unidos, estamos familiarizados con cómo construir una bola de nieve; algunos de ustedes en el Sur, quizás nunca hayan experimentado la nieve. Entonces, te recordaré cómo se hace una bola de nieve. Comienzas con una bola pequeña de nieve que normalmente cabe en tu mano. A medida de que das vuelta a esa bola sobre el suelo cubierto de nieve, se adiciona más nieve y la bola se vuelve más y más grande. Hemos visto ocasiones en las que las personas hacen bolas de nieve más altas que ellos.

Lo mismo pasa con el método de inversión de la bola de nieve. En vez de usar las ganancias de tu primera propiedad de renta para comprar nuevos vehículos o tomar vacaciones lujosas, puedes usar esas ganancias para comprar otra propiedad. Muchos inversores usan esta filosofía (y algunos ni siquiera lo saben). Es una muy buena forma de expandir un imperio de bienes raíces y, si tus propiedades son rentables, seguramente encontrarás que acumulas momento a medida que avanzas. Y tendrás una selección mucho más amplia de propiedades de las que escoger para invertir a medida que hagas más dinero. Serás capaz de graduarte de una vivienda unifamiliar o un dúplex a múltiples viviendas unifamiliares o propiedades con múltiples unidades, incluyendo complejos de apartamentos. Entonces, serás sabio y dejarás que el dinero que hagas por tus inversiones en propiedades de alquiler trabaje para ti. En vez de utilizar esas ganancias solamente para comodidades personales, serás sabio de usar esos fondos en otras inversiones.

3) Comienza con Sociedades. Hemos discutido algunos de los beneficios de sociedades en la sección de cómo asegurar el dinero para comprar tu primera propiedad para alquiler. Las sociedades también pueden funcionar después de la primera propiedad. Mientras te adentras más en la inversión en bienes raíces, podrías querer subir la apuesta en las propiedades en las que inviertes.

Probablemente querrás invertir en unidades más grandes y más costosas. Tener un socio de inversión te permitirá hacer esto más rápidamente y también reducirá tu exposición financiera en la propiedad en la que estás invirtiendo. También en lo relacionado a finanzas, encontrarás que los bancos que financiaron tus hipotecas previas, eventualmente pueden negarse a proveer hipotecas adicionales porque no quieren tener todos sus huevos en una sola canasta.

4) La Estrategia C-B-A. Previamente discutimos las diferentes clases de bienes inmuebles. Las propiedades de clase A son generalmente las mejores – nuevos edificios en excelentes áreas. Generalmente no se requieren reparaciones. Las propiedades de clase B son usualmente ligeramente más viejas y en buenas áreas. Quizás necesiten reparaciones menores. Las propiedades de clase C normalmente son propiedades marginales en áreas marginales con muchas reparaciones menores e incluso algunas mayores requeridas. Muchos inversores en bienes raíces que están tratando de construir una cartera, comienzan invirtiendo en propiedades de clase C y luego trabajan para llegar a las de clase B y luego a las de clase A. Las propiedades C son menos costosas que las propiedades A e inicialmente requieren mucho más trabajo. Comenzando con propiedades B o C, rápidamente obtendrás una buena educación en qué se necesita para ser un inversor en bienes raíces exitoso. Luego, a medida de que acumulas dinero de las propiedades de clase C, serás capaz de invertir en las propiedades más costosas de clase B o clase A. Habiendo dicho eso, debes saber que algunos inversores escogen quedarse mayormente en la misma clase. Conocemos inversores exitosos que se mantienen mayormente en propiedades de clase B en vez de moverse a propiedades de clase A porque encuentran que las propiedades B son más rentables o más abundantes…o solo se sienten más cómodos en esa área. De cualquier forma, tienes la idea…tienes que aprender a dar pequeños pasos al comienzo antes de que puedas caminar, y tienes que aprender a caminar antes de que puedas correr.

5) **Varíalo.** Una de las claves para tener una cartera de bienes raíces exitosa es variar…tener una cartera diversificada. Algunos inversores se quedan estancados con las propiedades que funcionan para ellos. Quizás solo compran propiedades residenciales y no comerciales. Quizás solo compran propiedades de clase B. Quizás solo compran propiedades en la misma área de una ciudad. Aunque tienes que definitivamente tomar en cuenta lo que funciona para ti, el enfoque de "si no está roto, no lo arregles", también es importante la diversificación. Conocemos a un inversor quien por años solo invirtió en propiedades en un área metropolitana importante. Eran propiedades C que el inversor compraba y renovaba. En el momento en el que comenzó a comprar estas propiedades, esa área de la ciudad se estaba revitalizando a sí misma. Sus inversiones eran extremadamente rentables y tomó la decisión consiente de nunca salir de esa área con sus inversiones en bienes inmuebles. Luego de 20 años después de sus compras la misma área de la ciudad que una vez había estado revitalizada, estaba en un declive severo. Un área de clase media o media baja que una vez

había sido moderadamente segura, ahora estaba llena de crimen, infestada de drogas y peligrosa. Las escuelas que eran consideradas buenas ahora eran consideradas inferiores. Los restaurantes y otros negocios que antes habían florecido, ahora estaban batallando, algunos de ellos cerrados. Las inversiones del inversor estaban en un declive severo, todo porque puso todos sus huevos en la misma canasta y optó por no diversificarse. De nuevo, nadie te está diciendo que debes abandonar la filosofía de bienes raíces que funciona para ti, pero, a largo plazo, te irá mejor si escoges diversificar tus inversiones.

Bienes Inmuebles Comerciales, Otro Medio para Construir tu Cartera

Los bienes raíces comerciales son un juego distinto a los bienes raíces residenciales. Por razones obvias, los bienes raíces comerciales son generalmente más costosos que los residenciales. A diferencia de los bienes inmuebles residenciales, donde los arriendos convencionales son generalmente de un año, los arriendos comerciales usualmente comienzan en tres años y llegan a ser hasta de 20 años, dependiendo de cuánto de la propiedad debe ser personalizada para el inquilino. Si eres un novato en la renta de bienes raíces, es poco probable que te involucres en bienes inmuebles comerciales de forma grande, pero de todas maneras queremos darte una pequeña explicación de las diferentes categorías o estrategias de inversión en bienes inmuebles comerciales.

1) Inversiones en Bienes Raíces Principales. Las inversiones principales son conocidas como la forma más segura de inversión en bienes raíces comerciales. Con una estrategia de inversión principal, los inversores buscan propiedades estables en áreas estables. Esto significa edificios de alta calidad en áreas con pocas vacantes. Con una estrategia de inversión principal, los inversores generalmente están buscando rendimiento (ganancia inmediata) en vez de apreciación (ganancia a largo plazo). El retorno en inversiones principales en bienes inmuebles es generalmente menos del 10%, pero los inversores se ven atraídos a esta estrategia porque es estable y de bajo riesgo.

2) **Inversiones más que Principales.** Como el nombre lo indica, las inversiones más que principales son similares a las inversiones principales, sin embargo, generalmente ofrecen una oportunidad de aumentar los retornos a través de una renovación menor o un reposicionamiento en el mercado. Estas son propiedades aún estables y atractivas con un grado de riesgo ligeramente más alto (posiblemente incluyendo algunos arriendos clave que están cerca de expirar).

3) **Inversiones con Valor Añadido.** Las inversiones con valor añadido son la estrategia más popular para inversiones en bienes inmuebles comerciales. Mientras las estrategias de inversión principal normalmente generan menos del 10% de retorno, las inversiones con valor añadido normalmente generan 10-15% de retorno. Mientras la meta de una estrategia de inversión principal favorece el rendimiento sobre la apreciación, una inversión con valor añadido favorece la apreciación sobre el rendimiento. En otras palabras, un inversor de valor añadido a menudo está bien con no recibir grandes ganancias por la propiedad hasta que sea renovada, reposicionada o vendida. Un inversor de valor añadido está en eso a largo plazo y usualmente mantendrá los activos por al menos cinco o siete años o hasta que tengan tiempo de mejorar o reposicionar la propiedad. La estrategia de bienes inmuebles de valor añadido es una estrategia de mayor riesgo y mayor recompensa.

Los términos y situaciones de arriendo son particularmente críticas con una estrategia de valor añadido. Por ejemplo, tomemos un complejo industrial antiguo que fue construido en los 1970s. El complejo tiene 12 inquilinos, quienes tenían arriendos de cinco años cuando se mudaron al complejo. 10 de los arriendos van a expirar en los próximos 18 meses; los otros dos arriendos son para inquilinos más nuevos. El edificio tiene tres vacantes. Con el tiempo, se ha vuelto más difícil rentar espacios a los inquilinos ya que el complejo es uno de los más viejos en lo que todavía es un área estable. Con esto en mente, parece que el complejo ofrece una excelente oportunidad para renovación o reposicionamiento, lo que resultaría en rentas más altas. Por otro lado, si la mayoría de los inquilinos tienen tiempos restantes más largos en sus contratos, probablemente no sería un buen momento para remodelar, ya que estarías gastando una cantidad significativa de dinero en inquilinos que ya están atrapados en arriendos a largo plazo. Entonces, si compras propiedades para alquiler con inquilinos existentes, definitivamente debes ver la situación de arriendo de esos inquilinos, para asegurarse que esos arriendos encajen con los planes que tienes para la propiedad.

4)   **Oportunista.** Los inversores que usan la estrategia de inversión oportunista, son inversores que están dispuestos a tomar los riesgos más altos para lograr las recompensas más altas. Las propiedades oportunistas incluyen tanto propiedades existentes como nuevas urbanizaciones. Con las propiedades existentes, normalmente necesitan un trabajo significativo. Normalmente son propiedades de vacantes altas que son difíciles de alquilar. También puede ser áreas que requieren un cambio de propósito o reposicionamiento. Como un ejemplo, lo que una vez fue un complejo gigante de fabricación de cerveza a finales de 1800s, ha estado vacante por más de 10 años luego de que la cervecería fue comprada para otra cervecería y todas las plantas fueron consolidadas. Un grupo de inversionistas decidió darle un nuevo propósito la cervecería principal como un mercado internacional que ahora tiene más de 30 inquilinos. Obviamente esta es una situación de alto riesgo y alta recompensa, ya que el grupo de inversores tuvo que invertir millones en el cambio de propósito del edificio y del complejo. Pero si son exitosos en transformar su mercado internacional en un destino de alto tráfico, tendrán grandes recompensas por su estrategia.

10 Personas que Necesitas en tu Equipo Soñado de Bienes Inmuebles

Si vas a construir una cartera de bienes raíces exitosa, necesitarás tener un "equipo" de personas que puedas usar durante el proceso. Ser un inversor en bienes inmuebles exitoso requiere muchos sombreros distintos. A diferencia de otras empresas, ser un "lobo solitario" no va a funcionar si eres un inversor en bienes raíces. Vas a necesitar la ayuda y experticia de otros para ser exitoso. Aquí hay algunas de las personas que necesitarás en tu equipo de renta de bienes raíces mientras trabajas en construir tu cartera.

1) **Banquero.** Con suerte serás capaz de establecer una relación de trabajo con un banquero y que él o ella sepan lo que buscas en un préstamo bancario. ¿Cierre rápido? ¿Bajas tasas de interés?

2) **Bróker Hipotecario.** Quieres encontrar a alguien que trabaje para ti buscando los tipos de hipoteca que funcionan para ti. Como con la mayoría de los miembros de tu equipo, quieres a alguien que entienda tu negocio, especialmente si compras propiedades continuamente.

3) **Contador.** Necesitarás a alguien que entienda los bienes raíces, incluyendo las leyes locales y estadales.

4) **Abogado de Bienes Raíces.** Hay muchos abogados por ahí, pero te conviene encontrar un abogado que se especialice en bienes raíces. Por ejemplo, si tienes un inquilino que no está pagando, necesitarás un abogado que esté familiarizado con ese tipo de procedimientos de desalojo.

5) **Agente de Seguros.** De nuevo, te beneficiarás de un agente que esté dispuesto a buscar las mejores políticas que encajen con tus necesidades.

6) **Tasador.** Un buen tasador puede no solo darte una

evaluación precisa de la propiedad, también pueden sugerir formas en las que puedes incrementar el valor de tu propiedad.

7) **Inspector.** Un buen inspector puede ahorrarte mucho dinero. Si son detallistas, pueden decirte exactamente qué reparaciones necesitan hacerse en una posible propiedad y qué tan rápido pueden hacerse esas reparaciones. Un buen inspector puede valer su peso en oro.

8) **Administrador de Propiedades.** Si posees múltiples propiedades o incluso si solo posees una y no tienes el tiempo necesario para atender las necesidades de tus inquilinos, querrás un buen administrador de propiedades. Buenos administradores a menudo pueden representar la diferencia en que tu propiedad sea rentada o vacante, rentable o no.

9) **Agente de Bienes Raíces.** Mientras continúas construyendo tu cartera, con suerte podrás establecer una relación de trabajo sólida con un agente de bienes raíces que entienda los tipos de propiedades que estás buscando. Si no tienen una buena idea de lo que estás buscando, te harán perder mucho tiempo.

10) **Persona o Equipo de Limpieza.** ¿Vas a limpiar una unidad cada vez que quede vacante? Cualquiera que lo haya hecho antes sabe que puede ser mucho trabajo. Un buen equipo de limpieza puede ser un activo valioso en tu equipo de bienes raíces.

Nuevamente, es importante resaltar que debes armar un equipo que puedas usar continuamente para tus propiedades de renta de bienes inmuebles. Haciendo eso, será importante que les comuniques a estos miembros exactamente cuáles son tus deseos y qué estás buscando. Si puedes hacer eso, se convertirán en activos para ti y no tendrás que comenzar desde el principio cada vez que tengas necesidad de sus servicios correspondientes. Como con cualquier equipo, si uno de los miembros no está cumpliendo con tus expectativas, será mejor que encuentres a alguien más para ocupar su posición. Tu éxito como inversor en bienes inmuebles estará en manos del equipo de bienes inmuebles que construyas.

Capítulo 6 – La Propiedad en Renta para Opacar a Todas las Demás

Entonces, eres el dueño orgulloso de tu primera propiedad para renta. Como era de esperarse, va a necesitar algo de trabajo antes de ser rentable y necesitarás hacer un plan para poner la propiedad lista para ser alquilada. En este capítulo, te daremos un plan paso a paso en cómo rehabilitar una propiedad y tenerla lista para la renta. También te diremos algunas mejoras simples que puedes hacer para mejorar instantáneamente el valor o la comerciabilidad de la propiedad.

10 Pasos para Rehabilitar Tu Propiedad de Renta

Si vas a rehabilitar tu nueva propiedad de renta, necesitarás crear un plan práctico y una agenda para lo que vayas a hacer y cuándo lo vayas a hacer. Los propietarios que no se organizan y en cambio "van con la corriente" se están preparando para problemas mayores en este proceso. También, cuando te embarques en el proceso de rehabilitación para tu propiedad, debes recordar que debes mantenerte flexible a veces. La ley de Murphy dice que, si las cosas pueden salir mal, saldrán mal, y no debes sorprenderte si tienes algún hipo o golpeas algunos inconvenientes durante el proceso. Pero con suerte, creando un plan detallado y práctico antes de que comience el proceso, serás capaz de minimizar cualquier problema potencial. Aquí hay algunos pasos que puedes tomar en el proceso de rehabilitación:

1) **Evalúa Cada Área de la Propiedad.** Con suerte, habrás hecho una evaluación preliminar antes de comprar la propiedad.

Necesitarás revisar cada área de la propiedad y determinar qué necesita hacerse para a) hacer la propiedad habitable y b) Hacerla más atractiva para posibles inquilinos. Esto incluye una evaluación cuarto por cuarto del interior de la propiedad y también una evaluación del exterior de la propiedad. Si compraste una vivienda con un garaje aparte, tu evaluación debe incluir al garaje. Tu evaluación también debe incluir una revisión del paisajismo y de la apariencia general de la propiedad. Evaluando a propiedad, podría servirte tener un par de ojos adicional involucrado en el proceso. (No siempre tiene que ser un experto el que determine lo que le gusta y no le gusta de una propiedad. No dudes buscar servicios de familia y amigos para este proceso). Mientras listas las mejoras que deben hacerse a la propiedad, debes categorizar esas mejoras como obligatorias o posibles, o cualquier otro título de categorías similares que funciones para ti. Es importante que priorices las mejoras que quieres hacer, porque puede que tengas tiempo o presupuesto limitado para estas mejoras y necesitarás decidir qué cambios pueden ser dejados de lado y cuáles tienen que ser hechos antes de rentar la propiedad.

2)   Asegúrate de tener los fondos disponibles para hacer los cambios que quieres hacer. Con suerte, hiciste esto antes de comprar la propiedad, pero antes de que comiences a hacer renovaciones, necesitas asegurarte de que tienes los fondos para hacerlas y luego de que tengas estimados de los diferentes proyectos involucrados en rehabilitar la propiedad, establecerás un presupuesto para determinar cuánto estás dispuesto a gastar para hacer los cambios necesarios. De nuevo, ya debes tener una idea de cuánto te costarán esos cambios antes de comprar la propiedad. Luego, después de que compres la propiedad, puedes afinar cualquier estimado de costos y determinar dónde tienes que cortar gastos en el proceso de rehabilitación.

3)   **Ve de Compras.** Especialmente para novatos, tendrás que

pasar algo de tiempo de compras de contratistas y materiales. Aunque nadie nunca sugeriría que compraras lo más barato posible, especialmente cuando se trata de materiales, probablemente te sorprenderás mucho por cuánto varían los costos de materiales y mano de obra. Puede que seas capaz de ahorrar miles de dólares haciendo un buen trabajo comprando tanto contratistas como materiales.

4) **Haz una lista de contratistas y proveedores de servicios por adelantado.** Como mencionamos antes, está bien buscar contratistas y proveedores de servicios, especialmente con tu primera compra de propiedad de alquiler. Querrás determinar el precio y también asegurarte de encontrar personas con las que te sientas cómodo trabajando. Al mismo tiempo, no te hará daño entrevistar a múltiples contratistas; en caso de que tengas problema con uno, puedes moverte al siguiente contratista de la lista si es necesario. Y, lo más importante, no esperes hasta el último minuto para agendar contratistas como plomeros, electricistas, pintores, paisajistas. Debes recordar que estas personas están ocupadas trabajando en otros proyectos y no puedes esperar que dejen todo lo que están haciendo para trabajar en tu proyecto. Un contratista exitoso a menudo tiene una agenda ocupada que está llena por semanas o meses por adelantado. Mantén esto en mente cuando estés armando tu agenda de rehabilitación.

5) **Establece un calendario realista.** Mientras planeas tu proyecto de rehabilitación, necesitas desarrollar un calendario que contenga fechas para todas las tareas mayores. Probablemente comiences por hacer que los contratistas visiten la propiedad para cotizar su proyecto. Al mismo tiempo les mostrarás lo que necesitan hacer, debes preguntarles por su disponibilidad para el proyecto. ¿Cuándo pueden comenzar? ¿Cuándo terminarían? Esta información te ayudará a establecer tu calendario. Y una advertencia para cuando estés estableciendo tu agenda. Trata de no tener muchas cosas en la

propiedad al mismo tiempo. Si tienes al plomero, al electricista, los instaladores de gabinetes y al pintor allí al mismo tiempo, probablemente se estorben los unos a los otros y puedes experimentar retrasos, o incluso posibles daños.

6) **Lleva registro de los gastos.** Debes registrar tus gastos durante el proceso para asegurarte de que estás dentro del presupuesto. No hay nada peor que ir por la mitad de un proyecto y darte cuenta de que gastaste de más y de que tendrás un retraso en el proyecto hasta que consigas más dinero. Puedes usar una hoja de datos de Excel o Quickbooks para registrar tus gastos durante el proceso. En el lado positivo, puedes descubrir que estás bajo tu presupuesto y esto puede permitirte añadir algunas de las campanas y silbatos que habías eliminado anteriormente cuando hiciste tu presupuesto.

7) **Está presente.** Con un proyecto de rehabilitación como este, es importante que alguien esté allí para supervisar mientras se está haciendo el trabajo. Si no tienes tiempo para eso, debes contratar los servicios de alguien que lo pueda hacer por ti. Hemos escuchado historias de gabinetes en los cuartos incorrectos, cerámicas removidas de los baños incorrectos, etc. Sí, incluso tuvimos un techador que por error removió la mitad de las tejas de la casa de un vecino. Estas cosas pasan a menudo. Entonces, te conviene tener alguien allí para supervisar o responder preguntas mientras el trabajo está en marcha.

8) **Ten un plan B.** ¿Qué pasa si uno de tus contratistas se atrasa en otro proyecto? ¿Qué pasa si llueve torrencialmente cuando se supone que el paisajista va a plantar los nuevos arbustos o cuando el pintor de exteriores debe pintar la parte de afuera de la casa? ¿Qué sucede si uno de tus contratistas es un total fracaso y tienes que buscar a otro contratista que haga el trabajo que se supone que harían? Aunque nunca se puede planear para esos inconvenientes, debes saber que esas cosas pueden y van a pasar. Y cuando lo hagan, tendrás que ser flexible y tendrás que moverte al plan B, algunas

veces con urgencia. (Si no tienes un plan B, tendrás que inventar uno). Esto nunca es la parte fácil o divertida del proceso, pero cómo lo manejes puede determinar se serás bueno siendo un propietario de bienes raíces para alquiler. Los propietarios de arriendos más exitosos son solucionadores de problemas, y muchos se enorgullecen de su habilidad de adaptarse cuando los problemas llegan.

9) **Asegura tus materiales.** Mantén tus materiales en un sitio seguro. Mantenlos fuera del camino de los trabajadores para que no impacten la forma en la que el trabajo está siendo hecho o que no sean un peligro para los trabajadores. Mantén los materiales en un sitio seguro para que no se dañen por la lluvia o la nieve y para que no sean robados.

10) **Determina una secuencia.** Cuando establezcas una agenda para los proyectos de rehabilitación en tu nueva propiedad para renta, es importante que determines una secuencia práctica en la que los proyectos deben ser hechos y en la que los materiales deben ser instalados. Mucho de esto es simple sentido común. Por ejemplo, no instales nuevas alfombras hasta que las paredes estén pintadas, los nuevos dispositivos instalados y los trabajadores hayan terminado de trazar a través de la casa. No instales nuevos gabinetes de cocina o baños hasta que la pintura en esos cuartos esté completada. Haz que los electricistas y los plomeros hagan su trabajo temprano en el proceso, a menos de que haya una razón por la que deban hacerlo luego.

Las Rehabilitaciones Más Importantes para Todas las Propiedades de Alquiler

Cuando rehabilites tu propiedad de renta hay algunas cosas que deben ser absolutamente inspeccionadas antes de que alquiles a un inquilino. Algunas de las cosas son ignoradas frecuentemente; otras pueden tener un impacto mayor en tu relación con el inquilino y un impacto mayor en tu inversión.

1) **El Techo.** Hemos visto situaciones de personas que compraron propiedades de renta sin siquiera inspeccionar el techo. Eso es un gran error. El techo es un componente estructural esencial en cualquier edificio y debes asegurarte de inspeccionarlo, idealmente antes de comprar la propiedad. Si tienes que añadir un nuevo techo a tu propiedad de alquiler, no será un gasto de dinero insignificante. Debes saber la condición de tu techo, para que puedas planear acorde a eso cualquier reparación que deba hacerse. Un techo defectuoso no puede ser ignorado y estarías arriesgando el valor de tu inversión si no te aseguras de que el techo esté en buenas condiciones.

2) **Alfombrado, Pintura.** Cosas relativamente económicas que son normalmente incluidas en cualquier proyecto de rehabilitación. Si tienes un alfombrado o una pintura desaliñada, es probable que impacte tu habilidad de rentar la propiedad, ya que es una de las primeras cosas que los posibles inquilinos ven.

3) **Ventanas.** Como los techos, no es una proposición económica. Desde un punto de vista de inversión, querrás asegurarte de que tu propiedad tenga ventanas actualizadas ya que aumenta su valor. También, desde el punto de vista de los inquilinos, un buen juego de ventanas puede ayudar substancialmente con el aislamiento de la casa y reduce los costos de calefacción y aire acondicionado.

4) **Electricidad.** Paneles de 200 amp son recomendados, ya que no son mucho más costosos que los de 100 amp.

5) **Calefacción/Aire Acondicionado/Ventilación.** Es una buena idea inspeccionar estos al menos una vez al año, incluso cuando la propiedad está ocupada. Los sistemas de calefacción y aire acondicionado no son baratos y quieres asegurarte de que se mantengan en buenas condiciones. No puedes esperar que tus inquilinos se ocupen de eso. Hemos escuchado historias de propiedades que se han incendiado porque la ventilación de la secadora estaba tapada. El mantenimiento de rutina puede prevenir fácilmente problemas mayores.

6) **Calentador.** En la misma nota, necesitas estar pendiente del calentador en tu propiedad. Un calentador promedio dura entre 10 y 15 años y, como puedes esperar, son algo costosos. Estarás bien servido si conoces en qué condición está tu calentador y cuando podrías necesitar otro, así puedes planear por adelantado. También debes asegurarte que tú o tus inquilinos están cambiando los filtros de tu calentador regularmente, ya que los filtros tapados pueden causar serios daños.

7) **Sistema de Alcantarillado/plomería.** Asegúrate de revisar el sistema de alcantarillado de tu propiedad. Un desbordamiento del alcantarillado puede causar serios daños. Debes revisar las tuberías al comienzo de cualquier proyecto de rehabilitación. Y luego revisarlas regularmente, dependiendo de qué tan probable es que se tapen. Por ejemplo, alguien que posee una vivienda con muchos árboles, puede encontrar raíces que tapan las tuberías de alcantarillado regularmente. Si sabes esto, puedes agendar mantenimientos de rutina regularmente para prevenir cualquier problema mayor. A la vez que revisas el sistema de alcantarillado, probablemente es una buena idea revisar todos los drenajes y el triturador de basura. Si puedes asegurarte de que estas cosas están despejadas antes de que tu inquilino se mude, puedes ser capaz de eliminar las llamadas en medio de la noche informándote de esos problemas.

8) **Calentador de agua.** Los calentadores de agua son bastante económicos. Normalmente duran entre 8 y 12 años, dependiendo de qué tan fuerte es el agua en tu área y de qué tan bueno es el calentador. Si tu calentador de agua se está acercando a esta edad, probablemente es una buena idea comenzar a pensar en uno nuevo.

Mejoras para Aumentar Instantáneamente el Valor de tu Propiedad

En la sección anterior, nos enfocamos en elementos funcionales y estructurales que son altamente recomendados para cualquier proyecto de rehabilitación de una propiedad para renta. Ahora veamos algunas de las cosas "más divertidas", cosas que puedes hacer para aumentar el valor cosmético, el atractivo visual, y el valor final de tu propiedad. Notarás que muchas de estas mejoras cosméticas no son renovaciones mayores o proyectos costosos. Con muchas de estas recomendaciones, encontrarás que puedes aumentar el valor o el atractivo de tu propiedad sin romper el banco.

1)   **Mejora del Baño.** Sin importar lo pequeño que sea, el baño es considerado uno de los puntos focales de cualquier casa. Las actualizaciones de baños, incluyendo nueva cerámica, enmasillado, reemplazar o esmaltar bañeras o duchas, o un nuevo tocador con luces modernas, son todas cosas que puedes hacer para actualizar tus baños. La investigación muestra que las actualizaciones de baños pueden añadir más valor a una propiedad residencial que cualquier otro cuarto. La recompensa por actualizaciones de baños es más del doble del monto invertido en ellas.

2)   **Rediseño de paisaje.** Otro proyecto atractivo a la vista que puede añadir valor substancial e inmediato a una propiedad. Cosas como podar arbustos y árboles, desmalezar, y añadir nuevas plantas o arbustos, puede fácilmente añadir al valor y al atractivo de una propiedad.

3)   **Remodelación menor de la cocina.** No tienes que gastar una fortuna para aumentar el atractivo visual de tu cocina. Cosas simples como nuevos dispositivos, nuevas encimeras y nuevas fachadas de gabinetes pueden incrementar fácilmente el atractivo de tu cocina. Nueva cerámica para el suelo y nuevo papel tapiz también son cosas que pueden hacerse económicamente para mejorar tu cocina.

4) Mejoras de exterior. Aparte de algunas mejoras en el paisajismo, puedes aumentar el atractivo de tu vivienda con un nuevo trabajo de pintura, nuevo recubrimiento, o una nueva puerta principal.

5) Conversión a Dormitorio. ¿Hay algún cuarto marginal y no esencial en la casa que puedas convertir en otro dormitorio? Incluso si es uno pequeño, ese dormitorio extra puede añadir substancialmente al valor de una vivienda.

Todas las renovaciones antes mencionadas pueden añadir substancialmente al atractivo visual de tu casa, haciéndola más fácil de alquilar. Como la mayoría de las viviendas son vistas en línea antes de que un inquilino potencial siquiera pregunte por ellas, el atractivo visual es más importante que nunca. Si no tienes una propiedad atractiva, será difícil siquiera tener arrendatarios potenciales que la visiten. Y desde un punto de vista a largo plazo, estas mejoras cosméticas pueden también añadir valor financiero a tu vivienda. Para cada cinco renovaciones antes mencionadas, el menor retorno esperado de las inversiones está en el percentil 90. Esto significa que cuál sea tu inversión en cualquiera de estas áreas, deberás ser capaz de casi doblar tu inversión mientras agrega valor a tu propiedad.

Capítulo 7 – Administrando tu Propiedad de Alquiler

Ok, ya terminaste de rehabilitar tu propiedad de alquiler. Ahora es momento de rentarla. Algunos dueños de propiedades comenten el error de pensar que la mayor parte de su trabajo está hecho y que la mayoría de sus problemas se acabaron una vez que terminan de preparar la propiedad para la renta. Eso puede ser una suposición drásticamente incorrecta. Si no estás rentando a las personas correctas, tus problemas podrían solo estar comenzando y podrías estar comprometiendo todo el tiempo y dinero que has gastado en la propiedad. Tener buenos inquilinos en tus propiedades es extremadamente importante. Una vez que la propiedad esté lista, tu habilidad de obtener buenos inquilinos puede ser la clave para determinar si tu propiedad es rentable o no. Con esto en mente, tenemos algunas recomendaciones sólidas de qué puedes hacer para minimizar los problemas de inquilinos.

Encontrando Buenos Inquilinos para tu Alquiler

1)   No Discrimines. Antes de comenzar con lo básico que debes hacer para encontrar buenos inquilinos, debemos advertirte de que no debes discriminar. Hay leyes federales que prohíben discriminación y debes adherirte a esas regulaciones cuando rentes tu propiedad. Hemos leído numerosas historias de arrendadores que han sido demandados por prácticas discriminatorias y no quieres ser una de esas personas. Los montos para arreglar esas demandas a veces son más altos que el valor de la propiedad, entonces con seguridad te imploramos que no discrimines al alquilar tus propiedades.

El Acta de Vivienda Justa prohíbe la discriminación en las siguientes áreas:

--Raza o color

--Religión

--Nacionalidad

--Sexo

--Estatus Familiar (No puedes discriminar a familias con niños).

--Discapacidad

2) Crea una aplicación detallada para rentar. Arrendar una propiedad es un negocio serio y no debes dudar en usar una aplicación detallada para rentar que te ayude a recolectar la información que necesitarás para determinar si le alquilarás al aplicante o no. Incluidos en la aplicación deben estar los siguientes elementos:

a) Referencias Personales. Pide dos o tres referencias personales, preferiblemente de no familiares. Luego debes asegurarte de revisar esas referencias antes de rentarle al aplicante. Cuando estés hablando con las referencias, sugerimos que una de las preguntas que hagas sea si el inquilino les ha dicho por qué se está mudando y asegúrate que concuerde con lo que él te está diciendo.

b) Historial de Empleo. Esta información puede decirte algo acerca de qué tan estable es un aplicante. Si han cambiado mucho de trabajos o hay períodos inusuales sin empleos, esto puede ser un indicador de que no serán inquilinos estables. Y con el historial de empleo, probablemente podrás revisar si el historial listado en la aplicación es correcto. No es muy inusual que las personas inventen información y la aplicación para rentar.

c) Historial de rentas anteriores. Es posible que tu aplicante no tenga un historial de renta (por ejemplo, recién graduados de la universidad, pareja retirada que vendieron su casa, etc.). Sin embargo, si hay un historial listado, harías bien en contactar a los arrendadores anteriores. En vez de solo confirmar la residencia, debes hacer otras preguntas que pueden ayudarte a determinar si el aplicante será un buen inquilino. Esas preguntas pueden incluir: ¿Pagaban su renta a tiempo? ¿Eran limpios? ¿Eran respetuosos hacia vecinos y trabajadores? ¿Dejaron la unidad en buenas condiciones cuando se fueron? ¿Dieron el aviso requerido antes de mudarse? ¿Algún vecino se quejó de ellos? ¿Requirieron alguna cantidad inusual de atención como inquilino? ¿Les rentarías de nuevo?

d) Revisión de Créditos. Haz una revisión de crédito de tu inquilino potencial y tómalo en serio. Algunos propietarios establecen un límite de puntaje de crédito para rentar a inquilinos. Un puntaje de crédito requerido de 650 es lo usual. Si el candidato parece decente pero el puntaje de crédito no es lo que tú quieres que sea, debes preguntar si hay alguna razón para el bajo puntaje. La revisión de crédito también te dirá cuánta deuda tiene el aplicante (ve el radio entre el ingreso y la deuda), si ha sido desalojado de una propiedad previa y si tiene algún juicio en su contra.

e) Verificación de ingreso. No es inusual para los aplicantes mentir sobre su ingreso actual, por lo que te conviene tomarte el tiempo para revisar su ingreso. Contacta su empleador actual y verifica el ingreso, la duración del contrato, la posición de la empresa y el récord de asistencia. Como regla de dedo, quieres encontrar un inquilino que tenga un ingreso mensual de tres veces la renta propuesta. Hay excepciones para esto, por supuesto, como parejas retiradas que tienen ingresos limitados, pero tienen ahorros que pueden fácilmente cubrir los montos de renta.

Cuando decimos que idealmente un inquilino debería tener un ingreso de tres veces el monto de la renta, también debemos regresar a la revisión/puntaje de crédito, donde debes colocar una nota para revisar el radio de ingreso-deuda del aplicante. Por ejemplo, puedes tener un aplicante con un ingreso de $3000 al mes; otro que tiene un ingreso de $2500 al mes. Puedes pensar que el que gana más es siempre el mejor candidato, pero ese no siempre es el caso. Quizás el que gana más debe hacer pagos de deuda de $1500 al mes en total, mientras que el que gana menos no tiene ninguna deuda excepto por un pago nominal de un carro. En este caso, el candidato que gana menos puede ser el mejor, al menos dese un punto de vista financiero.

f) Revisión de antecedentes criminales. El historial de crímenes es una de las cosas en las que más mienten en aplicaciones para trabajos y alquileres. Por esto, recomendamos altamente que hagas una revisión de antecedentes criminales en cualquier inquilino potencial que te interese. Hacer una revisión de antecedentes criminales por ti mismo puede quitarte mucho tiempo, por lo que podrías usar una compañía que haga esto por ti.

Usa la información que recolectes para evaluar la veracidad del inquilino. Obviamente debes estar más preocupado por un inquilino que tenga cargos de tráfico de droga o de asalto sexual que de alguien que tiene muchas multas por velocidad. También, pon atención a cuándo los crímenes fueron cometidos. ¿Es un hombre de 50 años que tiene algunos cargos por conducir ebrio cuando tenía 20 y no ha hecho nada desde entonces? ¿O ha tenido más ofensas recientemente? Esta información puede hacer la diferencia en si tu posible inquilino es un buen candidato o no.

Otro par de notas rápidas respecto a las revisiones de antecedentes criminales: si contratas a una empresa de investigación de inquilinos para que hagan la revisión de antecedentes por ti, la mayoría de estas compañías harán una revisión federal y estatal, una revisión en el país, una búsqueda en el Departamento de Correccionales, y una búsqueda en la base de datos de asaltos sexuales. Aunque esta es información pública, puede ser difícil y quitar mucho tiempo si no lo has hecho antes; el costo de usar una compañía de investigación de inquilinos es nominal.

(No hay una base de datos criminal de todo el país, por lo que la revisión de antecedentes no es tan detallada o tan simple como puedes pensar). También, debemos mencionar, que algunos estados, incluyendo California, prohíben a los propietarios que discriminen a inquilinos potenciales que han cometido ciertos tipos de crímenes. Esto significa que debes familiarizarte con las leyes locales antes de que rechaces a un inquilino por su historial criminal. Habiendo dicho eso, algunos antecedentes criminales, incluyendo asalto doméstico, tráfico de drogas o de personas, venta de drogas, etc., son actividades que deben prender inmediatamente alertas en los propietarios.

g) Cara a cara; instinto. Cuando muestras una propiedad a tus inquilinos potenciales, debes hacer un esfuerzo para conocerlos. Con suerte, puedes usar tu reunión con ellos para comenzar a establecer una relación y quizás obtener un presentimiento de si serán o no buenos inquilinos. No dudes en hacerles preguntas que te ayuden a determinar si son buenos candidatos. Cualquier pregunta obviamente debe ser apropiada y no muy personal (no los estás interrogando), pero puedes ser capaz de obtener algo de información que puede ser de ayuda a la hora de evaluar al candidato. Aquí hay algunas de las preguntas que puedes hacerle a un aplicante: ¿Por qué estás buscando mudarte? ¿Dónde vives ahora? ¿Has rentado alguna vez? ¿Has tenido algún problema con un propietario? ¿Si eres aceptado para rentar la propiedad, tienes alguna idea de por cuanto tiempo la rentarás? ¿En qué trabajas? ¿Fumas o tienes mascotas? ¿Piensas que serás un buen inquilino?

Notarás que algunas de estas preguntas son las mismas que están en la planilla de aplicación. Eso está bien. Te sorprenderá darte cuenta que algunas veces las respuestas que encuentras en una planilla de aplicación no concuerdan con las respuestas a las mismas preguntas en reuniones cara a cara. Si es así, eso puede indicar algunas alertas.

También, comenzando a establecer una relación con un posible inquilino, encontrarás más sencillo contactarlos de nuevo si tienes alguna pregunta respecto a su revisión de créditos, revisión de referencias, revisión de antecedentes, etc. Serás capaz de determinar qué tan comunicativos serán, por ejemplo, si les preguntas por qué su puntaje de crédito es "dudoso". Quizás hay una explicación lógica para su puntaje de crédito. Si todo parece encajar, excepto quizás una cosa, no dudes en pedirle una explicación al aplicante…a menos que tengas muchos otros aplicantes legítimos para la misma propiedad. De cualquier forma, el punto es que debes usar interacciones cara a cara con el posible inquilino para tener un presentimiento de si serán buenos. El instinto no es más importante que los hechos que verifiques sobre tus aplicantes, sin embargo, es válido y puede hacer una diferencia en escoger un candidato sobre otro.

Y antes de dejar este tema, debemos mencionar lo importante que es mantener los buenos inquilinos una vez que los consigues. Puedes hacer eso respondiendo a cualquier petición o pregunta de los inquilinos y también estableciendo una línea abierta de comunicación con ellos. Hazles saber que estás allí para ayudarlos con sus necesidades y no te hará daño preguntarles ocasionalmente si están satisfechos con la renta o si tienen alguna crítica con respecto a la propiedad. Si no lo sabes aún…te darás cuenta pronto…los buenos inquilinos te pueden hacer la vida mucho más sencilla y pueden hacer la diferencia entre una propiedad rentable o no rentable.

Te animamos a tratar a tus inquilinos tal como tratarías a un cliente valioso en otros negocios. Conocemos a propietarios exitosos que envían tarjetas de cumpleaños, de fiestas, y de agradecimiento a los inquilinos. También conocemos a propietarios que tienen "entrevistas de salida" con los inquilinos que están dejando la propiedad. Haciendo eso, buscan por críticas sobre la propiedad. Los comentarios hechos pueden ser de ayuda para el propietario en el futuro. De cualquier forma, siempre debes recordar que mientras mejor sea la relación que desarrolles con tu inquilino, más probable es que continúen rentándote. Como bien sabes, cada vez que tengas que terminar un arriendo, tendrás que pasar tiempo encontrando un nuevo inquilino y quizás también tengas algún tiempo vacante en el cual la propiedad está vaciando tu cuenta bancaria en vez de añadir a esta.

Estrategias para Administrar Propiedades de Renta

Probablemente no te sorprenderá cuando señalemos que, si no administras una propiedad correctamente, esa propiedad puede convertirse en una pesadilla. En vez de ser el centro de ganancias que esperas que sea, puede convertirse en un pozo de dinero gigante y dejarte preguntándote por qué decidiste involucrarte en bienes raíces para la renta. Afortunadamente, hay un número de diferentes formas en las que puedes administrar una propiedad exitosamente. Algunos dueños de propiedades para alquiler son exitosos solo con un enfoque de estar involucrados. Otros dueños son exitosos dejando todo en manos de terceros. Y otros son exitosos con una mezcla de terceros y de estar involucrados.

Antes de adentrarte en estas estrategias diferentes, es importante explicar las tres distintas áreas de administración de una propiedad. Necesitarás enfocarte en estas tres áreas si quieres lograr el potencial máximo de ganancia con tus propiedades de alquiler.

1) **Administrar inquilinos.** Como dueño de propiedades de renta, tú, o quien sea que contrates para hacerlo, será responsable del manejo de inquilinos. Las tareas de administración de inquilinos incluyen arrendar la propiedad (y determinar la viabilidad de inquilinos), recolectar la renta, y desarrollar/implementar/actualizar los acuerdos de arriendo. También involucra manejar las peticiones de los inquilinos (reparaciones o información) rápidamente, coordinar las fechas de mudanzas desde y hacia la propiedad y, desafortunadamente, algunas veces, desalojos

2) Administrar el mantenimiento e inspecciones de la propiedad. Como propietario también serás responsable del mantenimiento y actualización de la propiedad. Con propiedades comerciales o de múltiples unidades, esto puede incluir las responsabilidades de arreglar el mantenimiento de las áreas comunes (podar el césped, paisajismo, servicios de limpieza (incluyendo baños), recolección de basura, remoción de nieve, calefacción y agua, goteras en el techo, etc. Obviamente las propiedades residenciales incluyen menos responsabilidades. En algunos acuerdos de renta residenciales, los inquilinos pueden ser responsables de su propia remoción de nieve, de quitar la maleza, recolección de basura, etc. Desafortunadamente, con el mantenimiento, normalmente no serás capaz de planificar por adelantado. Los problemas probablemente saldrán en los momentos menos esperados, y tendrás que asegurarte que tú o quien sea que contrates para manejar estas tareas, esté disponible de inmediato. También, debes saber que tendrás que coordinar inspecciones de tu propiedad. Los inspectores locales pueden inspeccionar tu propiedad para asegurarse de que cumple con todos los códigos de salud y seguridad, incluyendo los códigos de incendios. Las compañías de seguros e hipotecas pueden inspeccionar la propiedad para asegurarse de que corresponda con los montos que están prestando o por lo que están asegurando.

3) Administración de finanzas. Como dueño de una propiedad para renta, es importante que mantengas un manejo constante de cuánto dinero está entrando y cuánto está saliendo. Como dijimos antes, ser un dueño de propiedades para renta no es un hobby, y quieres asegurarte de que tus propiedades son lo más rentables posible. Las responsabilidades financieras de propiedades para la renta incluyen recolectar la renta de los inquilinos y luego hacer los pagos a las varias partes involucradas, incluyendo pagos de hipoteca, de seguro e impuestos. También puede incluir hacer pagos de servicios y el pago de otras tasas.

Como propietario, tendrás que prestar atención a estas tres áreas. Aunque es natural para una persona inclinarse hacia las tareas que disfrutan haciendo y alejarse de aquellas que no disfrutan, tendrás que asegurarte de que no estás ignorando ninguna de estas áreas de responsabilidades. Si descuidas cualquiera de estas áreas, es probable que pagues las consecuencias y que tu descuido impacte con seguridad la rentabilidad de tu propiedad. Habiendo dicho eso, algunos propietarios les dejarán a terceros cualquiera de las responsabilidades que no tengan interés de cumplir, ya que están conscientes de que tienden a descuidar esas áreas. Ahora que hemos mencionado las diferentes responsabilidades de poseer una propiedad, es momento de ver tres estrategias diferentes para usar en la administración de propiedades.

La Estrategia de Estar Involucrado/Hacerlo Tú Mismo. Si pretendes ser un propietario involucrado, tendrás que ser una persona con muchos sobreros distintos. Los propietarios optan por la estrategia de estar involucrado por muchas razones, incluyendo tener control total, la habilidad de mantener los costos al mínimo y la habilidad de identificar y resolver problemas inmediatamente. Esto es mucho más fácil para una unidad individual o una propiedad ocupada por el dueño; es mucho más difícil para propiedades comerciales o grandes propiedades con múltiples unidades.
La desventaja de un enfoque de estar involucrado es que puedes intentar hacer cosas de las que realmente no sabes mucho. Por ejemplo, un dueño de propiedades para la renta que quiere hacer todo lo involucrado, debe ser un contador experto, un experto legal, un experto en mantenimiento (techador, electricista, plomero). Es probable que aún le dejes a terceros algunas de las responsabilidades involucradas en ser un dueño de propiedades, y no debes sentirte mal

por eso. Es normal. Siendo un dueño involucrado, probablemente tendrás que estar disponible 24/7/365 y, como mencionamos antes, no serás capaz de controlar cuándo se presenta el problema. Algunas personas piensan que esto es abrumador y es por eso que muchos dueños terminan dando a terceros algunas tareas y responsabilidades. Otros dueños descubren que su tiempo puede ser más valioso gastado haciendo otras cosas y delegan ciertas tareas. Como un ejemplo, quizás decides redactar tu propio acuerdo de arriendo sin la asistencia o experticia de un abogado de bienes inmuebles. Puedes encontrar ejemplos en internet y luego redactar tu propio acuerdo. Pero también tendrás que asegurarte de familiarizarte con las leyes y regulaciones locales para arriendos, que son diferentes de acuerdo al estado. Para el momento que termines de investigar los acuerdos de renta, puedes darte cuenta de que habría sido mejor contratar un abogado de bienes raíces. O quizás pasaste por alto alguna ley local en tu acuerdo y te das cuenta luego de que esta omisión ha dejado un vacío costoso en el acuerdo. El punto es que tienes que decidir qué tareas eres capaz de hacer y cuáles tareas estás dispuesto a tomarte tiempo para hacerlas. En algunas ocasiones, necesitarás delegar algunas de esas responsabilidades.

Como puedes ver por la descripción anterior, un enfoque de administración de estar involucrado es más factible para un arrendador que posee un número pequeño de propiedades, que tiene mucha experiencia administrándolas o que quiere control total en la administración de esas propiedades.

La Estrategia de Responsabilidades Mixtas. La mayoría de los propietarios, incluso esos que están en el espectro más pequeño, tienden a usar la estrategia de responsabilidades mixtas en el manejo de sus propiedades. Hemos mencionado algo de esto antes cuando describimos las posibles desventajas de tratar de hacer todo tú solo. ¿Eres un experto legal? ¿Un contador experto? ¿Un plomero? ¿Un electricista? ¿Un techador? ¿Qué sucede si caes en una batalla legal costosa porque trataste de redactar tu propio acuerdo de renta y no estabas al tanto de reglas y regulaciones locales importantes? ¿Qué sucede si pasas por alto un vacío clave en el pago de tus impuestos porque trataste de hacer tu propia contabilidad en vez de contratar a un experto? Tienes la idea…algunas veces podemos meternos en problemas al tratar de hacer y ser todo. Nos sirve más delegar responsabilidades que están fuera de nuestras áreas de experticia o interés.

Los más grandes beneficios de utilizar una estrategia de responsabilidades mixtas es que tendrás algo de tiempo libre y también estarás seguro de que estás protegiendo tus activos físicos y financieros al usar expertos. En el lado negativo, perderás algo de control y estarás dependiendo de otros, poniendo tu reputación como propietario en las manos de otros. Entonces, si estás construyendo tu cartera de alquileres y ya pasaste la etapa de tener tu primera propiedad de renta, la estrategia de responsabilidades mixtas probablemente sea la mejor para ti. El propietario promedio maneja algunas de las responsabilidades y delega otras responsabilidades a otros.

Delegar la Administración Completamente. Hay varias razones por las que los dueños de propiedades de alquiler optan por delegar todas las responsabilidades administrativas. Algunos dueños lo hacen porque poseen propiedades no locales y simplemente no es logísticamente posible para ellos ser propietarios involucrados. Algunos dueños poseen tantas propiedades que no pueden estar involucrados por completo. Y finalmente, algunos inversores tienen bienes inmuebles solo como parte de sus inversiones totales y simplemente no tienen el tiempo para involucrarse.

La mayoría de los propietarios que delegan las responsabilidades administrativas contratan administradores para sus propiedades o utilizan una compañía de administración. Los administradores o compañías de administración deben ser capaces de hacer o arreglar todas las tareas involucradas en la administración de la propiedad: asegurar e investigar a los inquilinos, planificar las reparaciones, coordinar las mudanzas desde y hacia la propiedad, recolectar la renta, cobrar rentas atrasadas, desalojos, coordinar las rutinas de mantenimiento y las actualizaciones a largo plazo. Un buen administrador o compañía de administración obviamente debe tener una buena relación de trabajo con el dueño de la propiedad. Es obvio que la mala administración de cualquier propiedad puede resultar en el declive de dicha propiedad.

La ventaja de contratar a un administrador o a una compañía de administración para tus propiedades es que estarás liberando mucho de tu tiempo. No serás el que reciba las llamadas en medio de la noche de inquilinos diciéndote que su calefacción no está funcionando. Y, si haces tu diligencia en contratar a un buen administrador o a una buena compañía de administración, sabrás que estás usando expertos en manejo de propiedades en vez de intentar usar sombreros que no son de tu talla.

Las desventajas de delegar todo incluyen costos y gastos. Especialmente si eres un dueño de propiedades para renta con poco tiempo en el negocio, tienes que estar consciente que un administrador, compañía de administración, o cualquiera de las propiedades que contratas para asistirte con las responsabilidades de tener una propiedad para renta (abogados, contadores, plomeros, electricistas) van a costar dinero. Y el dinero que les pagues tendrá una influencia en tu rentabilidad. Habiendo dicho eso, no contratar buenos administradores u otros expertos en el campo, pueden impactar la habilidad de tu propiedad de ser exitosa a largo plazo.

12 Consejos que Debes Saber de Expertos en Renta de Propiedades

Aunque hemos incluido muchos consejos a lo largo de este libro en cómo administrar tus propiedades de renta, tenemos unos consejos extra que ofrecerte o para extender:

1) **Usa fotografías profesionales para comercializar tu propiedad.** No puedes tener ningún ingreso por tu propiedad si no puedes rentarla. La importancia de buenas fotografías a menudo es subestimada en la comercialización de una propiedad. No es ningún secreto que la mayoría de los posibles inquilinos querrán ver la propiedad y la unidad antes de decidir si quieren visitarla. Para no ser descartado inmediatamente, querrás asegurarte de estar usando fotos atractivas que resaltan apropiadamente la propiedad. Cuando publiques tu propiedad en línea, muestra tantas fotos como sea posible. Muestra cada cuarto en la propiedad y también el exterior. Si tiene algunos elementos únicos, muestra fotos de cerca de esos elementos. Por otra parte, trata de no resaltar los elementos desactualizados. Haz lo posible por mostrar una propiedad limpia y ordenada. Recuerda que cuando los posibles inquilinos ven tu propiedad en línea, posiblemente la comparen con fotos de otras propiedades. Algunos propietarios contratan fotógrafos profesionales para usar en el mercadeo de sus propiedades. Cuando le hagas publicidad a tu propiedad para alquiler, quieres asegurarte de que resalte entre otras propiedades en la misma categoría de renta.

2) **Considera permitir mascotas.** Todos hemos escuchado historias de cómo una mascota puede demoler una residencia, pero de nuevo, algunas personas también destruyen sus residencias. Como la pertenencia de propiedades está disminuyendo, debes saber que una política abierta a mascotas, usualmente para perros y gatos, puede incrementar la comercialización de tu propiedad. Puedes limitar la estadía de mascotas como veas prudente (limitando el número o tamaño de las mascotas), e incluso puedes cobrar un depósito o impuesto adicional por una mascota. Obviamente, cuando dices que permites gatos en la unidad, no quieres que el inquilino tenga tigres o leones allí. Ja. Y muchos propietarios restringen a perros de tamaño mediano o pequeño. ¡Los Gran Daneses no están permitidos! Si tienes dificultades comercializando y rentando tu propiedad, esta puede ser una buena opción para considerar. Conocemos un dueño de propiedades de renta que alquila a muchas personas mayores que previamente tenían viviendas pero están reduciendo el tamaño. Él hace bien permitiendo mascotas en sus propiedades, haciéndolas disponibles para muchos más inquilinos potenciales.

3) Instala cerraduras inteligentes en tus propiedades. Si no estás familiarizado con las cerraduras inteligentes, son dispositivos electrónicos que permiten entrada sin llave a través del uso de un teléfono inteligente. Aunque obviamente hay un costo involucrado en la instalación de entrada sin llaves, las investigaciones muestran que estos costos por lo general se pagan a sí mismos en siete meses luego del gasto. Por lo competitivo que puede ser el mercado de rentas, el dinero es tiempo cuando se trata de arrendar propiedades. Cuando un inquilino te pide ver una propiedad y no eres capaz de responder inmediatamente debido a conflictos de agenda, se moverán a la siguiente propiedad y podrías perder a ese inquilino potencial. O si te retrasas en mostrarles la propiedad, es probable que el arriendo pueda retrasarse. Los estudios muestran que las propiedades con cerraduras inteligentes se arriendan entre 3 y 7 días más rápido que las propiedades con cerraduras convencionales. Las cerraduras inteligentes no solo son más seguras y más convenientes para inquilinos, también añaden valor a la propiedad y permiten muestras automáticas en las que el propietario o administrador no tienen que estar presentes.

4) Paisajismo/Actualización simple. El atractivo visual es extremadamente importante. Hay muchas formas económicas en las que puedes hacer tu propiedad más atractiva para inquilinos potenciales. Cuando visiten la propiedad, cualquier inquilino potencial verá el exterior de tu casa antes de ver el interior. Si ya están desanimados antes de ver el interior del lugar, podrías haber perdido tu oportunidad de rentar la propiedad. Muchos cambios de paisajismo pueden ser hechos con un presupuesto modesto. Estos cambios no solo aumentarán la comerciabilidad de la propiedad, también incrementarán su valor general. Lo mismo aplica para cualquier elemento en tu propiedad que esté notablemente desactualizado. Elementos como encimeras de granito en la cocina, fregaderos de acero inoxidable, baños bien estructurados y dispositivos actualizados pueden fácilmente incrementar la comerciabilidad de la propiedad sin costarte una fortuna.

5) **Revisión general de la renta**. Una vez que rentes la propiedad, te conviene hacer una revisión general inmediata con el nuevo inquilino. Esta revisión te permitirá identificar cualquier preocupación inmediata que tenga el inquilino. También te permitirá documentar cualquier preocupación posible. Es mejor identificarlas al comienzo del arriendo, para que cualquier cambio requerido pueda ser hecho de inmediato. También, es mejor señalar cualquier problema al principio del arriendo en vez de al final. Por ejemplo, si pasaste por alto algunas manchas en la alfombra al comienzo del arriendo (quizás el hombre que instaló el nuevo calentador de agua produjo un goteo cuando quitó el calentador viejo), esas manchas serán documentadas y fotografiadas en la revisión, entonces esto no será un punto de contención al final del arriendo cuando el reembolso del depósito salga a relucir. Estas cosas siempre deben ser documentadas, porque para el momento que llegue el final del contrato, puedes haber olvidado estos problemas hasta que el inquilino los mencione de nuevo.

6) **Actualizar cuando la propiedad está vacante**. Cuando sea posible, debes hacer tus actualizaciones entre arriendos o cuando la propiedad esté vacante. Obviamente no quieres causar inconveniencias a tus inquilinos actuales con actualizaciones, si estas pueden esperar y no son una emergencia. Debemos mencionar que es

importante que te tomes un tiempo para reevaluar tu propiedad entre inquilinos y, si la unidad necesita actualización o renovación, entonces puedes retrasar la fecha de inicio del nuevo arriendo mientras haces las renovaciones.

7) Atiende inmediatamente las preocupaciones de los inquilinos. Mencionamos esto brevemente antes, pero es importante que tú como propietario siempre atiendas las preocupaciones y peticiones de los inquilinos inmediatamente. Si un inquilino piensa que eres discipliente respecto a sus peticiones, pueden sentir que no te importa y que solo te interesa tomar su dinero al final de cada mes. Si el inquilino solicita una reparación y no puedes tener a alguien allí inmediatamente para rectificar el problema, mantén a tu cliente informado en exactamente cuándo pueden esperar que el problema sea solucionado. Nuevamente, un recordatorio, los inquilinos que sienten que su arrendador es atento a sus necesidades, son mucho más propensos a extender sus arriendos.

8) Expresa aprecio. Una relación entre el arrendador y el inquilino debe ser una vía de doble sentido y debes darle importancia a decirle a tus inquilinos cuánto los aprecias (si en verdad lo haces). Algunos arrendadores envían tarjetas de cumpleaños, de fiestas o de agradecimiento a los inquilinos. Otros propietarios envían notas escritas a mano diciéndoles a los inquilinos apropiados cuánto aprecian sus pagos de renta puntuales o cuánto aprecian que siempre mantengan la propiedad limpia y en buenas condiciones. Nuevamente, un inquilino que se siente apreciado es más propenso a extender el arriendo.

9) Solicita un seguro de arriendo. Esto es algo que a menudo es pasado por alto por los propietarios. Harás bien en solicitar a tu inquilino que tenga seguro de arriendo y pedir pruebas de ese seguro. Puedes pensar que el inquilino es el único que se puede beneficiar de su propio seguro. Bueno, tú también puedes beneficiarte. Digamos que el inquilino deja la llave de la bañera abierta y se inunda la unidad...o que dejan la estufa encendida mientras hablan por teléfono y resulta en un incendio. O, ¿qué sucede si tu inquilino destruye la unidad por completo, excediendo por mucho el depósito de seguridad que tienes para esa unidad? En estas ocasiones, serás capaz de beneficiarte del seguro de tu inquilino.

10) Mantén los depósitos de seguridad por separado. Hablando de depósitos de seguridad, por favor recuerda que cuando un inquilino hace un depósito de seguridad, ese no es tu dinero y sería sabio de tu parte mantener ese dinero separado y en garantía. Si no eres capaz de reembolsar el depósito de seguridad al final del arriendo, puedes estar sujeto a multas que pueden exceder el monto del depósito.

11) Usa un software de administración de propiedades. Un recibo perdido puede costarte una posible deducción de impuestos. Un arriendo perdido o mal ubicado puede costarte meses en procedimientos de desalojo en una corte. La tecnología puede ayudarte a administrar tu propiedad. En vez de tener notas o papeles en múltiples áreas de tu oficina, puedes tenerlos todos en un solo lugar. Puedes usar tecnología para llevar registro de tus catálogos de propiedades, de los pagos de renta, de peticiones e historial de reparaciones, arriendos firmados e investigaciones de inquilinos. Es buenos tener toda esta información en el mismo lugar. Un software de administración de propiedades puede ayudarte a hacer eso.

12) Está dispuesto a hacer concesiones y a extender los términos del arriendo a buenos inquilinos. Como mencionamos antes, encontrar buenos inquilinos puede ser una tarea difícil y agotadora. Por lo que una vez que encuentres un buen inquilino, debes trabajar duro para mantenerlo. Una propiedad vacante te costará dinero, incluso si solo está vacante por un mes. Siguiendo la misma idea, tendrás que gastar tiempo adicional en conseguir un nuevo inquilino, que podría no ser tan bueno como el anterior.

Previamente mencionamos la importancia de atender prontamente las peticiones de los inquilinos y también establecer una buena línea de comunicación con tus inquilinos. Otra forma de mantener buenos inquilinos es ofrecerles extender o hacer concesiones a su arriendo. Hemos conocido propietarios que tienen mucho éxito haciendo u ofreciendo concesiones de renovación. Ejemplos de concesiones pueden ser un mes de renta gratis con una extensión mínima de 12 meses, ningún incremento de renta si el arriendo es extendido antes de una fecha específica, o, si vives en un área del norte y el arriendo expira durante el invierno, puedes ofrecer extender el arriendo con la misma tasa por solo algunos meses. Esto le permitirá a tu inquilino dejar la vacante en un momento en el que el clima es más apropiado para mudarse y te permitirá a ti tener un mejor momento para encontrar un nuevo inquilino, cuando el mercado de rentas es más activo. Nuevamente, líneas de comunicación abiertas con un inquilino, pueden hacer tu trabajo como propietario mucho más fácil. Mantén el contacto con tus inquilinos para saber cuáles son sus intenciones cuando el arriendo expire. Esto te ayudará desde un punto de vista de planeación y también te puede ayudar a tener una idea de si tu inquilino está siquiera abierto a una extensión.

De forma similar, si las tasas de alquiler en tu mercado han estado disminuyendo y tu tasa de arriendo es ahora por encima de la del mercado, ofrecer un mes gratis de renta o incluso medio mes de renta por una extensión, puede aumentar tu oportunidad de obtenerla y puede evitar que tu inquilino busque otras propiedades.

Capítulo 8 – Precauciones

Si estás pensando comenzar en el negocio de los bienes raíces para renta, probablemente has escuchado historias de éxitos tremendos. Esas historias pueden haber amplificado tu interés en el negocio. Habiendo dicho eso, también necesitas estar consciente de los posibles inconvenientes del negocio. La naturaleza humana nos dice que los inversores no te cuentan tan fácilmente las historias de terror que cómo cuentan las historias de éxito. Cualquier negocio que tiene mucho éxito probablemente también tiene riesgos serios. Este es el caso del negocio de las rentas de bienes raíces. Nunca intentaríamos disminuir tu interés en entrar a la industria, pero queremos recordarte que entres en el negocio de bienes inmuebles con tus ojos bien abiertos, tal como lo harías con cualquier otro negocio. Aquí hay algunas razones comunes por las que los inversores en propiedades de alquiler fracasan:

1) **Subestimar el capital general de inicio.** Algunos inversores cometen el error de subestimar cuáles serán sus costos iniciales para una propiedad de alquiler. Miran el precio de venta de la propiedad y luego subestiman los costos de renovación de esa propiedad o los costos para hacerla comercializable. Por favor ten en cuenta que, aunque el precio de venta de una propiedad puede ser el gasto principal, tienes que tener suficiente dinero para hacer la propiedad comercializable. Te servirá investigar costos de renovación antes de comprar la propiedad. También harás bien en tener más de los montos que estimas para que tengas un colchón extra para los proyectos que puedes haber pasado por alto o para los costos que sean más altos que lo estimado originalmente. Siempre advertimos a los inversores en propiedades de renta de que no

piensen que sus gastos se detienen con el cierre en la propiedad. Para algunos propietarios, allí es cuando los gastos comienzan. Incluso si la propiedad que compras está en buenas condiciones, puedes tener que hacer algunas actualizaciones para llevar tu propiedad a los estándares, especialmente si vas de lo que era una propiedad ocupada por el dueño a una propiedad de alquiler. Muchos estados y municipalidades tienen diferentes regulaciones para propiedades en renta y te servirá saber cuáles son las reglas en tu estado y municipalidad. Si no sabes, puedes tener algunas sorpresas costosas.

2) Subestimar o no planear para reparaciones de emergencia/no esperadas. Esta es otra trampa que puede llevar al fracaso. El calentador que pensaste que le quedaban de tres a cinco años deja de funcionar y recibes una llamada tarde en una fría noche de tu inquilino diciéndote que no tiene calefacción. Tienes que contactar y contratar a una compañía de calefacción inmediatamente para averiguar cuál es el problema. El técnico al que contrates te dice que el calentador está dañado y que tienes que comprar uno nuevo. Los nuevos calentadores no son baratos y tienes que tener acceso a efectivo inmediato para el nuevo calentador y para la instalación. O eso, o puedes enfrentar acciones legales de parte de un inquilino descontento. Tienes la idea. Si te vas a involucrar en el negocio de las propiedades en alquiler, tendrás que tener fondos de contingencia para cubrir emergencias inesperadas y a veces substanciales.

3) Inquilinos desaparecidos/Inquilinos problema. Ok, compraste tu primera propiedad para alquiler y pasaste dos meses rehabilitándola y otro mes buscando un inquilino. La renta mensual llega a tiempo cada uno de los tres primeros meses, pero luego no recibes la renta por el cuarto mes. Te cuesta contactar al inquilino y cuando finalmente lo haces, te informa que tuvo algunas emergencias familiares y que no ha sido capaz de conseguir los fondos para la renta de este mes. Tratará de conseguir el dinero pronto, pero las cosas no se ven prometedoras ya que fue despedido de su trabajo poco después de que se mudó a la propiedad. Bueno, realmente no esperabas eso.

Ahora, rápidamente tienes que familiarizarte con el proceso de desalojo. No solamente te estará faltando el ingreso que esperabas por la renta, sino que ahora tendrás que contratar a un abogado para desalojar al inquilino. ¿Y cuánto tiempo para desalojarlo? Cada estado tiene leyes distintas sobre desalojos de inquilinos y algunas de esas leyes les permiten a los inquilinos quedarse mucho más tiempo del que son bienvenidos. Y luego tienes que perder tiempo comercializando y arrendando la propiedad de nuevo, lo que puede tomarte entre 30 y 60 días luego del desalojo. Tienes la idea. Necesitarás tener fondos de contingencia para responder por inquilinos que no cumplen. Sí, puedes reducir tus posibilidades de un inquilino desaparecido investigando apropiadamente a ese inquilino antes de arrendarle la propiedad, pero incluso así, la vida pasa y pueden presentarse inquilinos que ya no son capaces de pagar la renta.

Escuchamos una historia interesante de un inversor principiante en propiedades de alquiler que decidió rentar su condominio luego de comprar una nueva vivienda. Rentó su condominio a un hombre y a su novia. El inquilino era un abogado con un buen sueldo en una firma de abogados reconocida. La novia, que no estaba en el contrato, tenía una carrera de modelo emergente. Los pagos de renta de este inquilino siempre eran puntuales hasta que se detuvieron por completo cinco meses después. Al contactar al cliente, el propietario fue informado de que el hombre y su novia tuvieron una pelea y ahora el hombre vivía con un amigo en vez de vivir en la unidad de renta. La novia, ahora aparentemente la exnovia, había continuado viviendo en la unidad luego de la pelea.

El inquilino, un abogado, dijo que ya no pretendía hacer los pagos (aunque tenía un arriendo sólido de 12 meses) y que ya no viviría allí. Si su exnovia quería quedarse con el arriendo, eso estaba bien para él. Dejado solo para defenderse contra un inquilino que era un abogado, el propietario sabía que estaba en medio de un fiasco. Hizo una inspección sorpresa de la propiedad y descubrió que la puerta del frente tenía daños extensivos, probablemente de alguien que intentó romperla en una pelea doméstica. Luego de entrar a la unidad, también descubrió que había gatos en ella, a pesar del hecho de que las mascotas no estaban permitidas en el acuerdo de arriendo. También notó daño substancial en las alfombras por lo que parecía ser tinte para el cabello.

¿Quién lo hubiese pensado? El propietario había investigado apropiadamente a su inquilino, había rentado a alguien que podía pagar fácilmente la renta mensual y a alguien que parecía ser un inquilino que cuidaría la propiedad. Sin embargo, allí estaba, teniendo que comenzar procedimientos legales contra su inquilino abogado. Cuando el propietario contactó a la novia, descubrió que estaba entre trabajos de modelaje y que no podía pagar el monto total de la renta porque su ex se negaba a ayudarla. Ofreció pagar la mitad de la renta. Esto era inaceptable para el propietario y sabía que tendría que contratar a un abogado para comenzar procedimientos legales en contra de su inquilino. Afortunadamente, la mujer aceptó mudarse al final del mes, por lo que no tuvo que desalojarla.

Sí, es una historia de terror, pero tiene un final "feliz". Justo antes de que el propietario comenzara los procedimientos legales contra su inquilino abogado desaparecido, mencionó el problema a uno de sus compañeros de racquetbol, un abogado corporativo para la compañía para la que él trabajaba. Irónicamente el abogado corporativo tenía una relación de trabajo cercana con la firma de abogados para la que trabajaba el inquilino. El abogado corporativo llamó a un socio de la firma de abogados. Ese mismo día, el abogado desaparecido envió un cheque por el monto que debía y por todos los meses restantes del arriendo. El propietario luego se enteró que el socio en la firma de abogados había leído el acta de rebelión al inquilino y le dijo que si esperaba ser socio algún día, le aconsejaba no manchar la excelente reputación de la firma. Habiendo dicho eso, el inquilino entregó un gran cheque cubriendo el resto de los meses del arriendo y también se ofreció a pagar por la puerta y la alfombra dañadas. Al final, este propietario principiante tuvo suerte. Fue pura casualidad que este problema fuera resuelto tan fácilmente. En la mayoría de los casos, el propietario se hubiera quedado "sosteniendo la bolsa", sin ver nunca los meses restantes de deuda del arriendo.

Esta historia ilustra dos posibles áreas que pueden causar que los inquilinos incumplan: no pagar y daños a la propiedad. La mayoría de ustedes han escuchados historias terribles acerca de unidades de renta que han sido dejadas en destrucción por los inquilinos. Un blog de moneycrashers.com contó la historia de un propietario que les rentó a tres estudiantes universitarios. De nuevo, por falta de pago, el arrendador hizo una inspección de la propiedad. Encontró un gran agujero en el techo separando el segundo piso de la planta baja. Un largo tubo de bomberos había sido instalado imprudentemente para permitirle a los inquilinos fácil acceso desde el piso de arriba hacia el piso de abajo. El grafiti que ahora cubría las paredes de la unidad, era la menor preocupación del propietario.

4) **Desalojos.** Si tienes la impresión de que los desalojos son sencillos, tienes otra cosa esperándote. Los desalojos pueden ser costosos y requieren tiempo. Primero, puedes notar que las cortes están llenas y tienes que esperar por una fecha en la corte. Presumiendo que ganes el caso y que la corte apruebe el aviso de desalojo, podrías tener que esperar un poco a que el sheriff o un miembro de las fuerzas legales te acompañen cuando ejecutes el desalojo. Luego puedes notar que dejaron pertenencias. La mayoría de las leyes estatales no te permiten desechar esas pertenencias por un cierto período de tiempo y podrías tener que pagar para almacenarlas. Además, no debe ser una sorpresa que algunas propiedades vacantes no siempre son dejadas en las mejores condiciones y podrías tener que gastar mucho tiempo y esfuerzo limpiando la unidad o haciendo reparación de daños. Y también está el hecho de que el desalojo de un inquilino puede tomar hasta 90 días o más en algunos estados o municipalidades que requieren muchos pasos para desalojar. Entonces, puedes ver como los desalojos pueden desanimar a los propietarios. En el negocio de propiedades de renta, el tiempo es dinero, y el tiempo y dinero que gastas desalojando a un inquilino pueden tener un impacto significativo en tu negocio de propiedades de alquiler.

5) **Administración de finanzas.** Quien sea que esté en el negocio de propiedades de alquiler te puede decir que las finanzas de un propietario no se mantienen constantes. Puedes sentarte al principio del año y hacer proyecciones para tu propiedad o propiedades, pero te darás cuenta de que tus proyecciones mensuales pocas veces serán lo que pensaste que serían. Las cosas posiblemente estarán saliendo bien si tus unidades están rentadas, no tienes ninguna vacante, tus inquilinos están pagando a tiempo, y no son necesarias reparaciones mayores. ¿Pero qué pasa si tienes cinco unidades y dos de ellas están vacantes? ¿Estás preparado financieramente para eso? Ya sea que estés experimentando saciedad o hambre con tu negocio de renta de bienes raíces, necesitas ser disciplinado en tus finanzas. Incluso si las cosas están yendo extremadamente bien, no puedes estar seguro de cuándo tu propiedad o propiedades requerirán reparaciones mayores o estarán vacantes. Necesitas responder por esos malos tiempos, acumulando suficientes fondos de contingencia cuando los tiempos son buenos. En la sección anterior de desalojos, viste cuánto puede tomar un desalojo. Quieres asegurarte de tener fondos para "salir de la tormenta" en caso de que pase. Lo mismo sucede con las vacantes y con la dificultad de rentar una unidad; igualmente para reparaciones mayores. ¿Tienes el dinero en la mano para reemplazar un calentador si deja de funcionar? Todas estas son cosas a considerar como un propietario.

6) **Mantén tus propiedades seguras y en buenas condiciones.** Si tienes un inquilino que se lastima en tu propiedad, es probable que seas demandado. Incluso si tu seguro de propietario cubre tu responsabilidad, probablemente tendrás que contratar a un abogado que te represente. Incluso con las políticas de propietario, se espera de ti que mantengas tu propiedad segura y en funcionamiento. Como un propietario, te conviene saber cuáles son los códigos de seguridad locales y luego seguir esos códigos. Hemos escuchado historias de propietarios que han sido demandados por grandes cantidades de dinero porque no estaban siguiendo los códigos locales de seguridad, porque no los sabían o porque los ignoraron.

7) **Impuestos.** No pases por alto los impuestos sobre propiedades. Asegúrate de entender el impacto que los impuestos pueden tener en tu propiedad y planea y ahorra de forma acorde. No debe ser sorpresa para nadie el descubrir que los impuestos sobre la propiedad pueden tener un impacto mayor sobre tu negocio. Sabiendo estos números por adelantado, deberías ser capaz de incorporarlos en las tasas de renta para tus inquilinos.

Las historias anteriores sobre precauciones no están para nada dispuestas para asustarte en la compra de propiedades para renta. Comprar y poseer propiedades de alquiler puede ser un negocio muy lucrativo…si se hace correctamente. No todo es diversión y juegos y nunca debe ser considerado un hobby. Es un negocio serio y no es para todos. Pero si estás dispuesto a hacer tu tarea y a trabajar diligentemente para convertirte en un buen arrendador, tendrás la oportunidad de hacer dinero en el negocio de las propiedades de alquiler.

Buenas razones para dejar ir una propiedad de alquiler.

Muchos inversores en propiedades de renta se preguntan sobre cuándo es un buen momento para vender la propiedad que poseen. Hay un número de situaciones que conducen a vender tu propiedad:

1) **Puedes obtener más de lo que pagaste por ella.** Tu estrategia de inversión tendrá un impacto en la decisión de vender una propiedad que se ha apreciado. Si la propiedad se ha apreciado en valor y te está trayendo ganancias con el alquiler, tendrás que decidir si quieres venderla en algún momento. Algunos inversores quieren vender la propiedad y cobrar sus fichas mientras pueden; otros prefieren el ingreso mensual que obtienen por la propiedad y escogerán aferrarse a la propiedad. Debemos resaltar que se vendes una propiedad apreciada, sabrás exactamente lo que obtendrás de esa propiedad. Si la mantienes, no sabrás si se apreciará o depreciará en valor; tampoco sabes si se mantendrá tan estable como un centro de ganancias por alquiler, dependiendo del área en la que esté y del inventario de propiedades en renta en esa área.

2) **Flujo de dinero negativo.** Kenny Rogers tenía una canción que decía: "Debes saber cuándo mantenerlos, saber cuándo guardarlos, saber cuándo alejarte, saber cuándo correr". Aunque esas líneas de su canción no están hechas para describir propiedades en renta, con seguridad aplican a ellas. Si tienes una propiedad que no está generando dinero, probablemente es momento de dejarla ir…a menos de que tengas indicadores absolutos de que podrás darle la vuelta rápidamente. Algunos inversores en bienes raíces se quedan atrapados en la idea de que quizás el flujo de dinero negativo de las propiedades va a cambiar en el futuro o no pueden dejar ir el vínculo emocional que tienen con esas propiedades. Necesitamos recordar que una de las razones principales por las que las personas invierten en propiedades de alquiler es para hacer dinero. Si tienes una propiedad que no está generando dinero, probablemente es tiempo de venderla y usar ese dinero para invertir en algo más rentable.

3) **Un mercado fuerte de ventas.** Si tienes un mercado que tiene un bajo inventario de propiedades de alquiler en tu área una tasa hipotecaria baja para los compradores, es buen momento para considerar la posibilidad de vender tu propiedad. Todos sabemos que

la economía de bienes raíces (y la economía en general) es cíclica y te serviría vender tu propiedad cuando los factores están a tu favor.

4)   La propiedad ya no encaja con tus planes. Quizás estás cerca a jubilarte. Quizás tengas problemas de salud. Quizás estás cansado de toda la atención que requieren tus propiedades de alquiler. Poseer propiedades de alquiler puede ser muy rentable pero nadie dice que venga sin trabajo. Si la propiedad ya no encaja con tus planes, quizás es momento de cobrar tus fichas.

5)   Estás en una Buena situación con los impuestos de ganancia de capital. Si no estás seguro de si estás en una Buena situación con respecto a los impuestos de ganancias de capital, debes consultar con tu consejero financiero. Si eres capaz de vender tu propiedad sin muchos impuestos de ganancias de capital, estás en una buena posición para vender.

Cinco Estrategias de Salida Cruciales para Tus Inversiones en Bienes Inmuebles

¿Qué es una estrategia de salida? Puedes preguntar. Simplemente, es un plan de inversión de un propietario para removerse a sí mismo de la inversión. Muchos inversores en bienes raíces exitosos tiene un plan de salida específico cuando comienzan con una inversión. Otros esperan entrar a la inversión y ver cómo les va, y luego desarrollan sus planes de salida. De cualquier manera, es importante desarrollar algún tipo de plan de salida temprano en el proceso, para que puedas determinar rápidamente cuándo salir de la inversión. Los inversores que no tienen planes de salida, usualmente mantendrán la propiedad por mucho tiempo, costándoles posiblemente miles de dólares (algunas veces decenas o cientos de miles de dólares).

Los inversores salen de propiedades por varias razones. Quizás el tiempo es el correcto para tener una ganancia máxima sobre la propiedad. Quizás quieren salir de la propiedad y usar las ganancias para comprar propiedades o inversiones de más alto nivel. Quizás el inversor ha determinado que las inversiones en bienes raíces no son para él. Quizás el inversor se está jubilando o tiene problemas de salud o una familia, o una emergencia financiera.

Aquí hay cinco estrategias de salida principales para inversores en bienes raíces:

1) **Restaura y vende.** Aunque esta estrategia no tiene nada que ver con propiedades de alquiler, merece ser mencionada como una estrategia de salida de bienes raíces debido a la popularidad de la restauración y reventa, en la cual los inversores compran propiedades, trabajan rápidamente para mejorarlas y luego las venden con una ganancia.

2) **Compra y mantén.** Esta estrategia tiene todo que ver con inversiones en propiedades de alquiler, ya que los compradores compran una propiedad, algunas veces la renuevan, otras veces no, y luego prestan la propiedad a arrendatarios con la idea de tener un flujo de dinero estable por la propiedad mientras construyen pertenencia sobre la misma. Afortunadamente para el inversor, la propiedad se va a apreciar en valor al mismo tiempo que crea un flujo de dinero estable y luego el comprador puede vender la propiedad en el momento apropiado y obtener una buena ganancia.

3) **Venta al mayor.** Esto es cuando alguien actúa como un intermediario en la compra de una propiedad. Compran la propiedad sin intención de ocuparla o rehabilitarla y luego se voltean y la venden al comprador final con una ganancia. Esta estrategia es un poco similar a la estrategia de restaurar y vender, sin embargo, el vendedor no pone ningún esfuerzo en el proyecto (sin rehabilitación ni renovación). A diferencia de las restauraciones, que pueden generar ganancias inmensas si se hace correctamente, las ventas al mayor generalmente generan márgenes de ganancia menores.

4) **Financiamiento de vendedor.** Con esta estrategia, el

vendedor actúa como un banco. En esencia, el vendedor financia la compra de la propiedad, con el vendedor y el comprador teniendo una nota promisoria que incluya la tasa de interés y la agenda de pagos acordadas. Desde el punto de vista del vendedor, puede continuar generando ingresos por la propiedad para cubrir el préstamo hipotecario y su retorno sobre la inversión también incremente debido a la tasa de interés.

5) **Renta con derecho a compra.** Con esta estrategia, el dueño de la propiedad renta la propiedad de inversión a un inquilino, y luego de un período de tiempo predeterminado, el inquilino podrá comprar la propiedad. En algunos casos en un acuerdo de renta con derecho a compra, una porción del pago mensual de renta se separa para la compra de la vivienda. Este tipo de acuerdos le permite al vendedor continuar generando ingresos por la propiedad, y luego si el inquilino o comprador potencial se va de la propiedad por cualquier razón, el vendedor aún ha podido establecer pertenencia sobre la propiedad.

Se debe destacar que hay numerosos factores que determinarán si un inversor debe salir de una propiedad. Las metas a largo plazo versus las metas a corto plazo, a menudo son un factor. El precio de compra de la propiedad, valor de la propiedad y condición de la propiedad también pueden ser factores. Demanda y oferta, potencial de ganancia, condiciones del mercado y opciones de financiamiento también serán factores.

Incluso si un inversor tiene un plan de salida al principio de la compra de una propiedad, esos planes pueden descarrilarse por muchos factores. Si la propiedad se deprecia, el inversor puede querer dejarla antes de lo esperado o esperar hasta que la propiedad se aprecie de nuevo. Los problemas con inquilinos pueden hacer más difícil o atrasar la venta de una propiedad. Lo mismo pasa con costos mayores inesperados de mantenimiento. Mala administración de la propiedad puede tener un impacto mayor en la rentabilidad de una propiedad y en cuándo será vendida. Y, finalmente, una falta de demanda puede afectar la estrategia existente para una propiedad. No puedes vender una propiedad si no hay demanda.

Conclusión

Bueno, si leíste hasta aquí, ahora debes saber mucho más que cuando comenzaste acerca de las oportunidades que están disponibles para ti en las rentas de bienes inmuebles. Debes tener un mejor entendimiento de lo que las inversiones en bienes raíces para alquiler pueden hacer para ti y cómo puedes hacer dinero a partir de esas inversiones. Sabrás que, si puedes prestar atención a todas las áreas y responsabilidades de las inversiones de propiedades de bienes inmuebles para la renta, tienes la oportunidad de generar dinero, algunas veces mucho dinero. También sabes que, si descuidas cualquiera de las áreas, inhibirás tus oportunidades de éxito y posiblemente incluso fracasarás.

Sabes cómo evaluar propiedades para posibles inversiones y también sabes cómo evaluar los vecindarios o áreas en donde están esas propiedades. Sabes todo acerca de la regla del 1% y la fórmula para asegurarte de que las propiedades en las que estás invirtiendo son viables. Como muchos de ustedes son inversores principiantes, van a tener que determinar formas de financiar su primera propiedad, a menudo sin mucho dinero disponibles. Te contamos sobre el hackeo de casas, una gran forma de comenzar en el negocio de bienes raíces para la renta. También te dimos otras ideas de cómo obtener propiedades sin dinero inicial y otras técnicas para ahorrar dinero que puedes usar para el pago inicial de tu propiedad.

Tocamos brevemente el tema de inversiones en bienes raíces comerciales para alquiler, que generalmente es para inversores que suben en la cadena alimenticia de novatos hasta expertos. Te dijimos como "construir" y desarrollar un equipo de bienes raíces para asegurar tu éxito como inversor y te dijimos a quiénes incluir en ese equipo.

Rehabilitar propiedades es extremadamente importante con la mayoría de las propiedades de clase C y con algunas de clase B. Te dimos una guía paso a paso de cómo rehabilitar propiedades. De la misma forma, ahora sabes qué tipo de proyectos de rehabilitación son más importantes para las propiedades de alquiler. Y también sabes algunos proyectos simples y económicos que puedes hacer para incrementar de inmediato el valor de la propiedad.

Como propietario, tendrás que decidir cómo quieres administrar tu propiedad. ¿Quieres usar el enfoque de estar involucrado, el mixto o el de delegar? Sin importar el enfoque que escojas, tendrás que hacer todo lo posible para encontrar buenos inquilinos para tu propiedad. Los buenos inquilinos pueden ser la vida de cualquier inversión en propiedades de renta; los malos inquilinos pueden quebrarte.

Como la mayoría de las personas comienzan en bienes raíces para hacer dinero, encontrarás que te servirá tener un plan de salida para las propiedades en las que inviertes. "Saber cuándo dejarlos", como diría Kenny Rogers. Hemos mencionado las razones principales por las que las personas salen de propiedades, y también las estrategias que usan para salir de ellas.

En conclusión, poseer propiedades de renta de bienes raíces puede ser muy lucrativo financieramente, si te puedes enfocar en todas las diferentes áreas del negocio. Si puedes investigar para encontrar buenas propiedades a buenos precios, si puedes encontrar buenos inquilinos y cuidarlos, si puedes administrar bien las propiedades, tendrás una gran oportunidad de ser exitoso. Habiendo dicho eso, poseer propiedades de alquiler no es un hobby. No es dinero fácil; tendrás que prestar atención a los detalles si vas a tener éxito. Pero si utilizas muchos de los consejos y técnicas ofrecidas en este libro, es probable que seas exitoso y que estés en el camino a la libertad financiera.

Dicho eso, te dejamos con estas palabras: ¡Deseándote éxito.

Vayamos por ello!

www.ingramcontent.com/pod-product-compliance
Lightning Source LLC
Chambersburg PA
CBHW022013120526
44592CB00034B/804